Bernhard Lehnert
Dengeln und Wetzen

Bernhard Lehnert

DENGELN und WETZEN

Die Kunst, Sense und Sichel zu schärfen

**Wer beim Dengeln schläft,
wird beim Mähen wach**

Volksmund

Bibliografische Information der Deutschen Nationalbibliothek:
Die Deutsche Nationalbibliothek verzeichnet diese Publikation in
der Deutschen Nationalbibliografie; detaillierte bibliografische Daten
sind im Internet über http://dnb.d-nb.de abrufbar.

© 2010 Bernhard Lehnert
Satz, Umschlaggestaltung, Herstellung und Verlag:
Books on Demand GmbH, Norderstedt
ISBN: 978-3-8391-9262-7

Inhalt

Vorwort

Noch vor wenigen Jahrzehnten gehörte das rhythmische „teng, teng, teng", wenn zwischen Dengelamboss und Dengelhammer Sense und Sichel geschärft wurde, zum alltäglichen Klangbild des ländlichen Raums. Ein Geräusch, das in den landwirtschaftlich geprägten Zeiten zur unverwechselbaren Melodie der Dörfer landauf, landab gehörte, wie das Krähen der Hähne. Mit der zunehmenden Mechanisierung der Landwirtschaft Ende der 50er Jahre und der Aufgabe der bis dahin weitverbreiteten Nutztierhaltung gerieten die einst verwendeten Werkzeuge und Geräte, ihr Zweck und ihre Handhabung in Verges-

Dengler bei der Arbeit, Aufnahme von 1905

senheit und dienten bestenfalls noch als nostalgische Dekorationsstücke.

Viele der ehemals allgemein bekannten Handwerkstechniken wurden aufgegeben, so dass heute nur noch wenig Erinnerung an das Vergangene, wie beispielsweise der Gebrauch und die Handhabung des Dengelhammers lebendig sind. Früher wurde das Dengeln während der alltäglich anfallenden Arbeiten vom Vater zum Sohn und Enkel weitergegeben. Das Dengeln konnte man eben, da fiel es niemandem ein, irgend etwas davon aufzuschreiben.

So wundert es nicht, dass das Schärfen von Sense und Sichel heutzutage eine Kunst zu sein scheint. Viele Sensenbesitzer sind mit einer Fülle von Fragen zum richtigen Gebrauch von Dengelwerkzeug und Wetzstein, so wie deren Handhabung meist auf sich allein gestellt.

Das Buch will dem Anfänger wie dem Praktiker Anleitungen und Tipps für den richtigen Gebrauch der Dengelwerkzeuge und Wetzsteine geben, um so Fehler in deren Handhabung zu vermeiden. Wer beispielsweise weiß, wie die Sense beim Dengeln über den Amboss geführt, auf welche Weise mit dem Dengelhammer geklopft oder wie mit dem Wetzstein beim Schärfen richtig an der Schneide entlang gestrichen wird, der wird das Mähen mit der Sense neu entdecken. Denn mit einer richtig gedengelten und gut geschärften Sense wird das Mähen zur entspannten Körperbetätigung an der frischen Luft mit vielfältigem Naturgenuss.

I. Dengeln – was ist das?

Dengeln ist ein Schärfeverfahren, das es so nur für Sensen und Sicheln gibt. Das Dengeln von Sense und Sichel ist eine unverzichtbare Arbeit, um deren Schärfe auf Dauer zu erhalten. Dabei wird das Metall entlang der Schneide durch Hämmern zu einer dünnen, scharfen Schneide ausgetrieben.

Warum wird gedengelt?

Der Zweck des Dengelns besteht darin, die scharfe Schneide von Sense und Sichel auf Dauer zu erhalten, zu verbessern oder neu herzustellen. Gedengelt wird auch, um das Materialgefüge des Stahls zu verdichten und so eine längere Standzeit der Schärfe (Schnitthaltigkeit) zu erzielen. Den äußersten Rand der Schneide nennt man landläufig „Dangl".

Beim Dengeln kommt es darauf an, dass die Schneide auf der ganzen Länge einen gleichmäßigen Dangl bekommt. Die Qualität des Dangls ist für Kraftaufwand und Leistung beim Mähen entscheidend.

Richtiges Dengeln und Wetzen sind neben dem Anstellen die wichtigsten Voraussetzungen für das leichte Mähen mit der Sense. Das Mähen mit einer scharfen Sense geht selbst einem ungeübten Mäher leicht von der Hand. Mit schlecht geschärfter Sense wird das Mähen auch für den geübten Mäher zur schweißtreibenden Plagerei. Nicht von ungefähr kommt der alte Mäherspruch:

„Gut gedengelt ist halb gemäht."

Was geschieht beim Dengeln?

Das Dengeln lehnt sich der Technik nach an das Schmieden an und bedient sich der Schmiedewerkzeuge Hammer und Amboss.

Beim Dengeln wird das Metall der Sense entlang der Schneide auf einem speziellen Dengelamboss mit einem Dengelhammer durch Hämmern zu einer dünnen, scharfen Schneide ausgetrieben. Das kalte Hämmern des gehärteten Stahls zieht das Metall mit jedem Schlag ein klein wenig aus und verjüngt es keilförmig zur Schneide hin. Gleichzeitig bewirkt das kalte Hämmern, dass die Molekülstruktur des Stahl verdichtet wird oder anders gesagt, die Schneide wird beim Dengeln regelrecht gehärtet.

Was so entsteht, nennt man Dangl. Ein guter Dangl muss die nötige Dünne und Schärfe aufweisen. Er muss widerstandsfähig gegen zu schnelle Abnutzung sein und muss die Voraussetzungen für leichtes Schärfen mit dem Wetzstein bilden.

Geschichte des Dengelns und Geradrichtens

Es darf angenommen werden, dass Sense und Sichel mit Hammer und Amboss geschärft werden, seit beide Werkzeuge im Gebrauch sind. Die älteste mir bekannte Darstellung des Dengelns, befindet sich auf einem Fresko im Adlerturm zu Trient aus der Zeit um 1407.

Sensen kamen früher ungedengelt, das heißt nicht mähfertig, in den Handel, obwohl es in jeder Sensenschmiede möglich gewesen wäre, Sensen auf den dort vorhandenen Maschinen zu dengeln. Mähfertige geschärfte Sensen wurden nur auf Bestellung und gegen Aufpreis gefertigt. Zu dieser Zeit war die Sense das einzige Mähwerkzeug zur Ernte, und so war das Dengeln der Sense mit Hammer und Amboss eine unverzichtbare Arbeit, um die Schärfe der Sense zu erhalten. Dieser Umstand verlangte, dass jeder Mäher an seiner Sense zuerst eine dünne, messerartige Schneide herstellen musste. Nicht nur eine neue Sense wurde gedengelt, sondern auch jede andere im Gebrauch befindliche Sense musste regelmäßig gedengelt werden, um die beim Mähen entstandenen Abnutzung der Schneide auszugleichen. Dieser Arbeitsvorgang wurde landläufig als „Dengeln" oder „Klopfen" bezeichnet.

Gedengelt wurde auf sogenannten Dengelstöcken, auf denen der Dengler saß und seinen Dengelamboss darin verankerte. Solche Dengelstöcke aus massiven Steinblöcken, mächtigen Stammabschnitten und Baumscheiben fanden sich nicht nur bei fast jedem Haus und Hof, sondern standen vielerorts sogar auf großen Allmenden, wo so manches steinerne

Dengelszene aus dem Mittelalter

Relikt dieser bäuerlich geprägten Handwerkstechnik, als vergessenes Kulturgut, bis in unsere Zeit unentdeckt überdauert hat.

Während sich auf den hölzernen Dengelstöcken der spitze Dorn am Fuß des Dengelambosses beim Klopfen im Holz festsetzte, musste auf dem steinernen Dengelstock zuerst ein keilförmiges Loch in den Stein gemeißelt werden. Darin wurde der Amboss mittels eines Astabschnittes (Weidenholz) fest verkeilt.

Eine Sense war zu jenen Zeiten vergleichsweise teuer und für deren Eigentümer ein unverzichtbares Erntewerkzeug. Mit einer scharfen und schnitthaltigen Sense konnte beispielsweise ein guter Mäher reichere Ernte einbringen und so vielleicht eine Kuh mehr über den Winter bringen oder als mähender Wanderarbeiter eine höhere Entlohnung erzielen. Die Qualität der Sense und insbesondere deren Schneide hatten wesentlichen Einfluss auf das Wohl und Wehe ganzer Familien. So ist zu verstehen, dass selbst größere Beschädigungen des Sensenblattes mit Dengelhammer und Amboss behoben wurden. Man nannte diesen Arbeitsvorgang „Geradrichten". Nicht selten, traf das Sensenblatt auf einen im Gras verborgenen Stein oder einen Baumstumpf, so dass ein Teil des Sensenblattes sich verbog, einriss oder zerbrach. Dann war das Geradrichten am Schmiedefeuer mit Hammer und Amboss die einzige Möglichkeit, um solche Schäden am Sensenblatt zu beheben.

Zwar spielt das Geradrichten, also die Reparatur größerer Schäden am Sensenblatt, heute kaum noch eine Rolle, aber für das Schärfen mit Dengelamboss und Dengelhammer, gibt es bis heute noch keine bessere Lösung, die das Dengeln ersetzen könnte.

II. Das Sensenblatt

Sensenblätter sind im Handel in den unterschiedlichsten Ausführungen erhältlich. Eine Vielzahl von langen und kurzen, schmalen und breiten, leichten und schweren Sensen für die verschiedensten Mäharbeiten sind im Gebrauch. Bei genauerem Hinschauen stellt man fest, dass sich Sensen auch in der Krümmung von Rücken und Schneide, in der Form des Bartes, so wie der Winkelstellung der Hamme unterscheiden. Bei einzelnen Sensentypen ist die Spitze dornartig geformt. Man nennt diese Sonderausführung „Steinspitze" oder „Schnabel".

Dem Laien mag die Verwendung so vieler unterschiedlicher Typen eines überall zu der gleichen Verrichtung verwendeten Gerätes unverständlich erscheinen. Formbestimmend sind Klima, Geländeform, Art der zu mähenden Pflanzen und landwirtschaftliche Traditionen. Wesentlichen Einfluss auf die Länge des Sensenblattes hat die Geländeform. Auf weiten, ebenen Flächen gebraucht man in der Regel Sensen von 80 cm Länge und mehr. Um dagegen in steinigen Gebirgslagen, auf von Unebenheiten durchsetzten Wiesen oder zwischen den Stämmen von Streuobstbeständen zu mähen, braucht man Sensen von 60 bis 75 cm Länge. Neben dem Einfluss der Geländeform verlangt insbesondere die Art des zu mähenden Bewuchses geeignetes Gerät. Nicht jeder Bewuchs lässt sich gleich gut mit der selben Sense mähen, sondern bedingt verschiedene Ausführungen, wenn beim Mähen mit geringster körperlicher Beanspruchung auf Dauer eine gute Mähleistung erzielt werden und die Sense keinen Schaden nehmen soll. Das saftige Grün feuchter Fettwiesen mäht sich anders als Bergwiesen mit kurzwüchsigen Gebirgskräutern, Klee anders als hoher, dickstängliger Staudenaufwuchs, während Schilf, Strauch- und Baumschösslinge mit robusteren Sensen mehr abgeschlagen, denn gemäht werden.

Noch vor wenigen Jahrzehnten waren wesentlich mehr Sensentypen im Gebrauch als heute. So waren beispielsweise im Muster- und Formen-

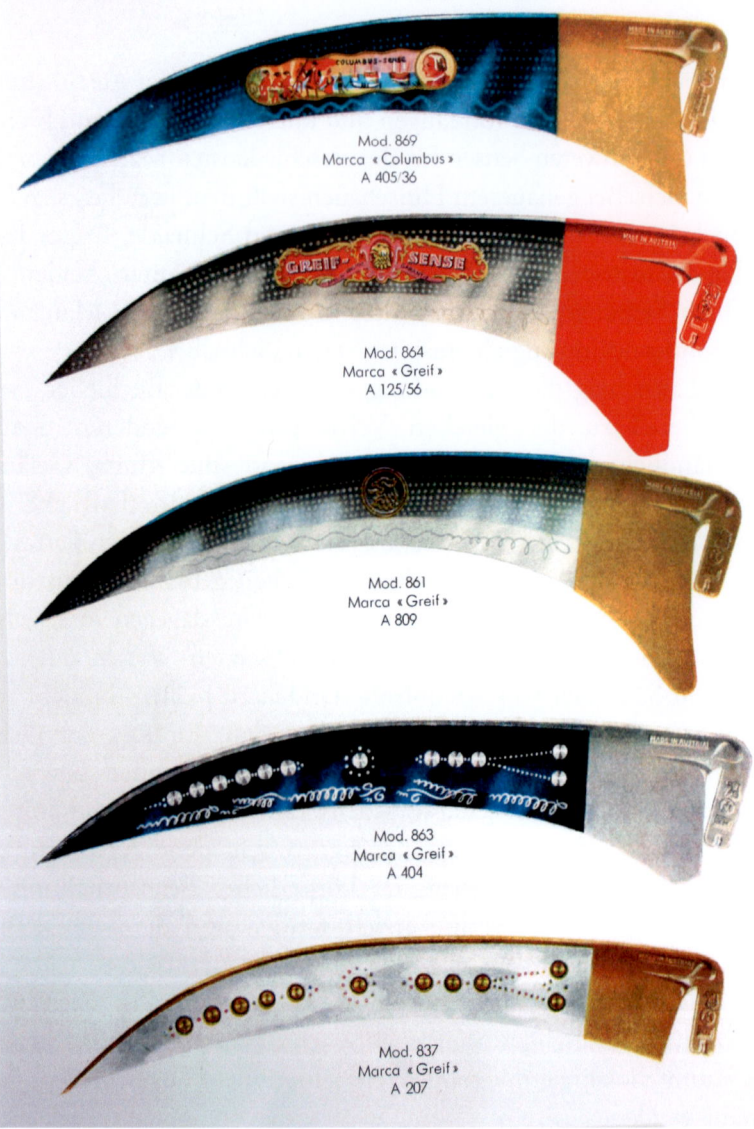

Katalogblatt mit Sensen, der ehemaligen österreichischen Sensenschmiede
Christobal Piesslinger in Molln

18 II. Das Sensenblatt

buch des Sensenwerkes Kuhlmann, 1937, 160 verschiedene Sensenformen verzeichnet, die auf Bestellung hergestellt wurden.

Trotz dieser Unterschiede in Länge, Breite und Form besitzen alle Sensen die gleichen funktionalen Merkmale. Charakteristisch für jedes Sensenblatt ist ein leicht gewölbtes, dünnes Blatt, das sich zur Schneide hin keilförmig verjüngt, wobei der aufgekrempelte „Kragen" der Sense Stabilität verleiht. Mit dem verstärkten „Kragen" läuft das Blatt über den schmalen „Hals" in der abgewinkelten „Hamme" aus, die zusammen mit der hochstehenden „Warze" zur Befestigung am Sensenstiel dient. Das rechte, breitere Ende des Blattes bezeichnet man als „Bart", das linke als „Spitze". Die Krümmung der Schneide wird „Zirkel" genannt

An jedem Sensenblatt befinden sich:

- Schneide
- Bart
- Rücken (Gewölbter Blattrücken)
- Kragen
- Spitze
- Hals, auch Ferse genannt
- Hamme
- Warze, auch Dorn genannt

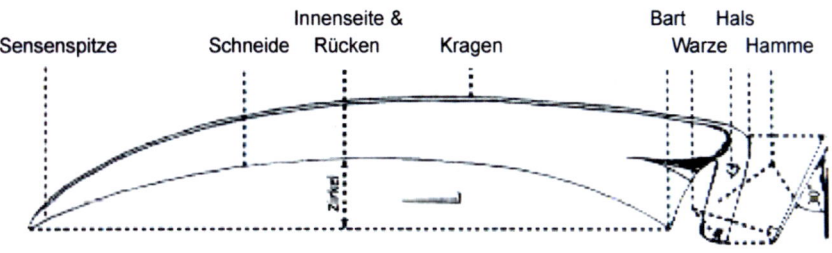

Sensenblatt mit Begriffsbezeichnungen

Die Schneide

Beim Dengeln gilt unser besonderes Augenmerk der Schneide. Die Schneide besteht aus dem sogenannten „Riefen" und dem „Dangl". Mit „Riefen" ist die etwa 3 bis 4 mm breite Schneide gemeint. Bei einer neuen Sense soll vom Bart bis zur Sensenspitze ein keilförmiger Riefen vorhanden sein.

Der „Dangl" ist der äußerste Teil des Riefens, der beim Bestreichen mit dem Daumennagel nachgibt. Der Dangl ist von ganz besonderer Bedeutung für die Schnittfähigkeit der Sense. Je nach Beanspruchung und Pflege der Sense nutzt sich der Dangl mit der Zeit ab, so dass die Schneide gedengelt werden muss.

Woran erkennt man ein gutes Sensenblatt?

Der Kauf eines guten Sensenblattes ist für Laien oft Glückssache, da man einem Sensenblatt nicht ansieht, wie lange es die Schärfe beim Mähen hält oder ob es sich leicht dengeln lässt. Ein Problem, mit dem es nicht erst die Mäher heutzutage zu tun haben.

So hat man früher beispielsweise vielerorts versucht, die Qualität der Sense nach dem Klang zu beurteilen. Dazu hatte man das Sensenblatt mit den Fingerknöcheln oder dem Sensenschlüssel angeschlagen. Je höher der Ton, desto besser die Sense – glaubte man. Dass die Klangprobe nicht allgemein anerkannt wurde, belegt ein aus Holstein überlieferter Spruch:

> „Wer de Sens köfft nah den Klang,
> un de Frau nah de Gesang,
> ist bedrog'n sein Leben lang!"

Zu Zeiten der Klangprobe gab es nur geschmiedete Sensenblätter im Handel. Heute gibt es neben geschmiedeten Sensen noch gestanzte und gewalzte Sensen. Gestanzte und gewalzte Sensen werden auch als halbgeschmiedete Sensen bezeichnet. Geschmiedete Sensen sind in der Regel qualitativ die besseren Sensen. Sie sind dünner und leichter, besser verarbeitet und haben eine scharfe Schneide. Qualität hat natürlich auch seinen Preis. Geschmiedete Sensen sind um einiges teuerer als die halbgeschmiedeten Sensen.

Wie bei allen schneidenden Werkzeugen, ist es auch bei Sensen wesentlich, dass diese aus einem vorzüglichen Stahl geschmiedet werden. Leider ist dies aber nicht immer der Fall. Halbgeschmiedete Sensen werden oft aus einfachem und preiswertem Stahl hergestellt. Die Stahlqualität hängt wesentlich vom Kohlenstoffgehalt ab. Höherer Kohlenstoffgehalt bedeutet größere Härte, aber auch Sprödigkeit des Materials. Bei halbgeschmiedete Sensen wird nicht selten Hartstahl mit einem Kohlenstoffgehalt von 1,00 –1,15% verarbeitet. Bei den geschmiedeten Sensen beträgt der Kohlenstoffgehalt des Stahls 0,70 – 0,80 %. Aufdrucke auf den Sensen, wie „Schneidstahl", "Silberstahl", „Chromstahl" oder „Diamantstahl" sagen nichts über die Stahlqualität aus, sondern sollen einzig und allein den Kaufinteressenten beeindrucken.

Aus meiner langjährigen Erfahrung weiß ich, dass viele halbgeschmiedeten Sensen in der Metallstärke zu dick verarbeitet sind und sich nur schwer oder gar nicht dengeln lassen. Nicht selten ist der verwendete Stahl so spröde, dass die Schneide beim Dengeln reißt.

Eine gute Sense zeichnet sich vor allem durch eine scharfe Schneide, deren Schnittfähigkeit und Schnitthaltigkeit aus. Schnittfähigkeit und Schnitthaltigkeit machen die Güte einer Sense aus. Die Schnittfähigkeit ist abhängig von der Härte des Stahl und der Qualität des Dangls. Mangelhafte Härte führt zu einer raschen Abnutzung der Schneide. Zu große Härte erschwert das Dengeln und das Schärfen mit dem Wetzstein. Schnitthaltigkeit bedeutet, wie lange kann man mähen, bis die Sense geschärft werden muss? Je länger die Sense die Schärfe hält, je mehr Fläche Sie mähen können bis zur nächsten Wetz- oder Dengelpause, desto besser! Auch die Schnitthaltigkeit lässt sich durch sachgemäßes Dengeln verbessern.

Beim Sensenkauf sollten Sie nicht knausern, denn ein gutes Sensenblatt hält bei entsprechender Pflege Jahrzehnte. Kaufen Sie sich die beste

Sense, die Sie bekommen können. Denn nur qualitativ hochwertige Sensen lassen sich gut dengeln, so dass anschließend das Mähen mit der Sense leicht von der Hand geht.

Eine Universal-Sense für alle Mäharbeiten gibt es nicht. So können Sie beispielsweise mit einer Grassense ebenso wenig Baumschösslinge schneiden ohne dass die Sense Schaden nimmt wie Sie mit einer Buschsense Wiesengräser mähen können. Je nach Aufwuchs und was man zu mähen hat, braucht man zur Grundstückspflege eine Gras-, Stauden-, Busch- und Forstkultursense. Darüber hinaus gibt es für spezielles Mähgut und besondere Mäharbeiten entsprechende Sensen.

Welche Sensen werden gedengelt?

Nicht jede Sense wird zwischen Dengelamboss und Dengelhammer geschärft und nicht jede Sense kann gedengelt werden.

Sensen sind im Handel in vielfältigen Ausführungen für die unterschiedlichsten Mäharbeiten erhältlich. Es sind dies lange und kurze Grassensenblätter in schmaler und breiter Ausführung, mittellange bis kurze Strauch-, Stauden-, Heidekraut- und Grabensensenblätter, so wie die dicken, kurzen und sehr breiten Hopfen- und Waldsensenblätter. Waldsensenblätter werden im Handel als Forstkultur- oder Freistellungssense angeboten.

Gedengelt werden alle Gras-, Stauden- und Weinbergsensenblätter. Je nach Materialgüte können auch die etwas dickeren Busch-, Heidekraut-, Graben- und Hopfensensenblätter gedengelt werden, sollte es in seltenen Fällen erforderlich werden.

Nicht gedengelt werden Forstkultur- und Freistellungssensen. Zum Nachschärfen während der Mäharbeit verwendet man einen mittelfeinen bis groben Silicium-Carbid-Wetzstein. Scharten in der Schneide werden mit einer Feile beseitigt. Ist die Sense zu stumpf geworden, schleift man sie auf einem gewöhnlichen Sandschleifstein, genau wie ein Beil oder eine Axt und zieht sie zum Schluss mit dem Wetzstein ab.

III. Dengeln der Sense

Die Arbeitsweise beim Dengeln ist regional sehr verschieden. Der eine dengelt auf dem Dengelamboss mit schmaler Bahn, der andere auf dem Amboss mit quadratischer Schlagfläche. Dieser dengelt auf der Innenseite, jener auf der gewölbten Außenseite des Sensenblattes. Der Nächste schwört auf den klopfenden Dengelschlag, der Nachbar auf den ziehenden Dengelschlag und jeder glaubt, dass seine Methode die beste sei. Ob Sie nun diese oder jene Arbeitsweise beim Dengeln bevorzugen, spielt nur eine untergeordnete Rolle. Sämtliche Arbeitsweisen können richtig sein, wenn dadurch eine scharfe und schnitthaltige Schneide mit einem glatten Dangl ohne Zacken und Wellen entsteht.

Der Zeitaufwand, um ein Sensenblatt zu Dengeln, beträgt je nach Güte und Härte des Metalls, Abnutzung der Schneide, Länge des Sensenblattes, so wie der Geschicklichkeit und Erfahrung des Denglers, etwa 10 bis 60 Minuten je Sensenblatt.

Dengeln ist eine millimetergenaue Gefühlsarbeit. Der Dengler muss:

- **seinen eigenen Schlagrhythmus mit dem Dengelhammer finden.** Dabei ist zu beachten, dass der Hammer ruhig geführt wird, so dass jeder Schlag punktgenau, das heißt mittig, auf den Amboss trifft;
- **die Koordination von Klopfen & Schieben ausbilden.** Das heißt, während die rechte Hand den Dengelschlag mit dem Hammer ausführt, muss die linke Hand das Sensenblatt ruhig und ohne zu wackeln über den Amboss schieben, so dass der nächste Hammerschlag bündig nach dem vorhergegangenen Schlag auf die Schneide trifft;
- **ein Gefühl für das Metall der Sense entwickeln.** Denn entsprechend der Härte des Metalls variiert die Schlagstärke. Das heißt, der Dengler sollte fühlen, wie sich das Metall unter dem Dengelhammer verhält. Er muss merken, ob es sich um ein weiches Metall handelt das sich leicht dehnt, ob es ein hartes Metall ist, das einen kräftigeren Schlag

benötigt oder ob er ein sprödes Metall unter dem Hammer hat, das leicht reißt, um nur einige Beispiele zu nennen.

Dengelwerkzeug

Wie bereits angesprochen lehnt sich das Dengeln der Technik nach an das Schmieden an und bedient sich auch der Schmiedewerkzeuge Hammer und Amboss.

Zum Dengeln benutzt man seit alters her einen speziellen:

- **Dengelhammer mit kurzem Stiel**
- **Dengelamboss**

Hammer und Amboss sind im Handel in verschiedenen Ausführungen erhältlich. Je nach Region werden bestimmte Dengelwerkzeuge bevorzugt benutzt. Während man mancherorts die Sense mit einem Dengelamboss mit schmaler, gerundeter Bahn und einem Dengelhammer mit quadratförmiger Dengelfläche klopft, verwendet man andernorts für die gleiche Arbeit einen quadratförmigen, leicht gewölbten Dengelamboss und einen Dengelhammer mit schmaler, keilförmiger Schlagfläche.

Bei allen Modellen sind sowohl die beiden Schlagflächen des Hammers wie die des Amboss bombiert, das heißt nach allen Seiten hin leicht abgerundet. Das Dengeln mit zwei so beschaffenen Werkzeugen bewirkt, dass bei jedem Schlag nur ein kleiner Punkt der Schneide getroffen wird.

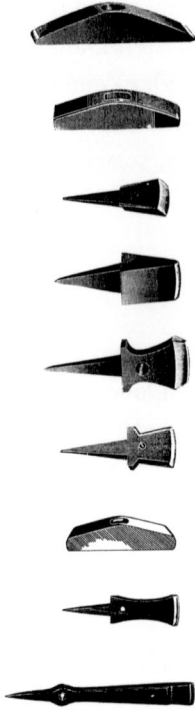

Dengelhammer und Dengelamboss, verschiedene Modelle

Ein eventueller Fehlschlag kann so der Schneide keinen großen Schaden zufügen.

Der Nachteil der schmalen nach allen Seiten abgerundeten Amboss-fläche liegt darin, dass das ruhige, mittige Halten der Sense darauf besonders dem Anfänger beim Erlernen dieser Handwerkstechnik etwas mehr Schwierigkeiten bereitet, als auf einem Amboss mit breiter Schlagfläche. Dafür ist das Risiko eines Fehlschlages geringer als beim breiten Amboss.

Dengelambosse unterscheiden sich hinsichtlich der Höhe, Stärke und Form des Ambosskörpers und der jeweiligen Dengelfläche. Alle Ambosse haben unterhalb des Ambosskörpers eine Spitze zum Eintreiben oder Einsetzen in den Dengelstock. Lange Dengelambosse sind oft mit Schlaufen versehen. Diese Ambosse sind zum Dengeln auf Wiese und Feld bestimmt, wobei die Schlaufen den Sitz im Boden sichern und verhindern dass der Amboss beim Dengeln zu tief in die Erde getrieben wird.

Pflege der Dengelwerkzeuge

Um einen sauberen Dangl herzustellen, ist es wichtig, dass die Schlag-flächen an Hammer und Amboss sorgfältig geschliffen und poliert sind. Schlechte Pflege und vor allem zweckentfremdeter Gebrauch beeinträchtigen die Leistungsfähigkeit der Dengelwerkzeuge. Amboss und Schlagfläche des Hammers sollten nicht angerostet sein und dürfen keine Beschädigungen, wie Kerben oder ähnliches aufweisen. Für die Instandhaltung der Dengelwerkzeuge sind folgende Maßnahmen angebracht:

- Dengelwerkzeuge sollten zum Schutz vor Rost immer im Trockenen aufbewahrt werden;

- Die Schlagfläche von Dengelamboss und Dengelhammer sollten von Zeit zu Zeit mit Stahlwolle gereinigt und poliert werden. Danach, vor allem nach Ende der Mähsaison im Herbst, empfiehlt es sich die Dengelwerkzeuge mit Maschinenöl und einem weichen Lappen leicht einzuölen.

- Dengelwerkzeuge sollten nicht zweckentfremdet verwendet werden. Das heißt, Dengelhammer und Dengelamboss sollten nicht für andere Arbeiten, sondern ausschließlich zum Schärfen von Sense und Sichel verwendet werden. So sollte mit dem Dengelhammer beispielsweise nicht genagelt und auf dem Dengelamboss nichts anderes als die Sense geklopft werden. Denn jede noch so kleine Beschädigung auf der Schlagfläche von Hammer und Amboss würde sich beim Dengeln fortwährend auf der Schneide bemerkbar machen.

Der Dengelstock

Der Dengelamboss muss, abgesehen von den speziellen Felddengeleisen, die unmittelbar in der Erde verankert werden, fest in einer Unterlage sitzen, damit der Schlag mit dem Hammer zieht und der Dengler bei der Arbeit bequem sitzt. Diese Unterlagen nennt man Dengelstock, Dengelbock oder Dengelhocker.

Dengelstock aus Stein

Als Dengelstock eignen sich:

Steinblöcke: ideal sind Steine die etwa 40 bis 50 cm hoch, 30 cm breit und ca. 80 cm lang sind. Um den Dengelamboss im Stein zu befestigen muss zuerst ein keilförmiges Loch, mit einem Durchmesser von ca. 4 cm, an einem Ende in den Stein gemeißelt werden. Darin wird der Amboss mit Holz verkeilt. Zum Verkeilen nimmt man am besten entsprechend starke Astabschnitte aus Weidenholz, die auf die Länge der Lochtiefe geschnitten sind. Solch ein Holzstück schlagen Sie press in den Stein. Nun setzen Sie die Dornspitze des Dengelamboss mittig auf das Holz und verkeilen mit leichten Hammerschlägen den Amboss im Stein, so dass der Amboss fest sitzt und beim Dengeln nicht wackelt oder federt.

Baumstämme: als Unterlage können 40 bis 50 cm starke Stammabschnitte in einer Länge von 60 bis 80 cm oder größere Baumscheiben verwendet werden, die dem Dengler gleichzeitig als Sitzgelegenheit dienen. Bohren Sie mit einem 8 mm Holzbohrer ein Loch in die Baumscheibe oder den Stammabschnitt. In das Bohrloch setzen Sie den Dorn des Ambosses

Dengelstock aus einem
Stammabschnitt

Dengelstock aus einer
Baumscheibe

Dengelhocker mit
Hartholzstempel

und treiben ihn mit einigen kräftigen Schlägen mit einem Holzhammer in den Dengelstock.

Dengelhocker mit Hartholzstempel: als Unterlage für den Dengelamboss wird ein Hartholzstempel aus Eiche oder Hainbuche verwendet. Dies kann ein entsprechender Stammabschnitt oder ein zugeschnittener Hartholzkern sein. An diesem Hartholzstempel ist eine Sitzfläche mit Stuhlbeinen befestigt.

Arbeitsweisen beim Dengeln

Beim Dengeln unterscheidet man zwei grundlegende Arbeitsweisen:

Dengeln auf Amboss mit schmaler Bahn und Dengelhammer mit breiter Schlagfläche

Amboss mit schmaler Bahn: dazu wird ein Hammer mit flacher, viereckiger Bahn benutzt, dessen andere Seite eine schmale Bahn (Finne) aufweist. Gelegentlich wird auch eine Art Fäustel gebraucht, der zwei breite Schlagflächen hat. Beim Amboss ist darauf zu achten, dass die schmale Bahn nicht zu flach ist, da sich die Kante der Bahn ansonsten in den Riefen presst und den platten Dangl bildet.

Amboss mit quadratischer, leicht gewölbter Bahn: dazu wird ein Hammer mit zwei schmalen Bahnen benutzt. Natürlich kann man auch mit der Finne am Hammer mit breiter Bahn arbeiten.

Mit beiden Arbeitsweisen lässt sich ein gleichermaßen schnittiger Dangl herstellen. Vor allem Anfängern fällt es bei den ersten Dengelübungen schwer, die Schneide des Sensenblattes mit ruhiger Hand mittig auf dem Amboss zu führen. Dabei spielt es keine Rolle ob es sich um

einen Amboss mit schmaler oder breiter Auflagefläche handelt. Viele Anfänger glauben, dass das Dengeln auf einem Amboss mit breiter Auflagefläche leichter gelingt, weil man annimmt, dass sich auf der breiten Auflagefläche die Sense sicherer führen lässt. Meine Erfahrung aus zahlreichen Dengelkursen ist, dass Anfängern auf dem Amboss mit breiter Auflagefläche wesentlich mehr Fehlschläge mit dem Dengelhammer unterlaufen als auf einem Amboss mit schmaler Auflagefläche. Nicht selten geht

Dengeln auf Amboss mit breiter Bahn und Dengelhammer mit schmaler Schlagfläche

der Dengelhammer hinter der Schneide auf dem Sensenblatt nieder oder trifft vor der Schneide nur auf den Amboss. Solche Fehlschläge sind auf einem Dengelamboss mit schmaler Auflagefläche nur schwer möglich, da die Schlagfläche des Amboss sehr schmal ist und zudem nur die Schneide über den Amboss geführt wird.

Ziehender, treibender und klopfender Dengelschlag

Man unterscheidet drei Schlagtechniken: ziehender, treibender und klopfender Dengelschlag.

Ziehender und treibender Schlag bewirken, dass das Metall zur Schneide hin ausgetrieben und dünner, sprich schärfer wird. Beim ziehenden Dengelschlag wird der Hammer bei der Schlagbewegung zum Körper hin gezogen. Der ziehende Dengelschlag bewirkt, dass die Schneide dünn ausgezogen, das heißt gedehnt, und das Metall gleichzeitig verdichtet wird.

Vom treibenden Dengelschlag spricht man, wenn das Sensenblatt so auf dem Amboss geführt wird, dass die Schneide nicht zum Körper des

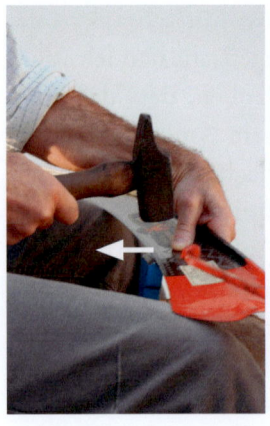  

Ziehender Dengelschlag   *TreibenderDengelschlag*   *Klopfender Dengelschlag*

Denglers zeigt. So wird beispielsweise gedengelt, wenn das Sensenblatt zum Dengeln nicht vom Sensenstiel abgenommen wird. Die Schlagtechnik und Schlagwirkung ist jedoch die gleiche wie beim ziehenden Dengelschlag. Der Unterschied besteht lediglich darin, dass die Schlagbewegung nicht zum Körper hin, sondern vom Körper weg ausgeführt wird.

Klopfender Dengelschlag

Beim klopfenden Dengelschlag wird der Dengelhammer nicht zum Körper hin gezogen, sondern trifft senkrecht auf die Schneide. Beim klopfenden Dengelschlag wird das Metall der Schneide nur unwesentlich gestreckt. Diese Schlagtechnik bewirkt, dass das Metall der Schneide lediglich verdichtet, sprich kalt gehärtet wird. Oft empfiehlt es sich in einem letzten Gang mit der klopfenden Schlagtechnik über den Dangl zu gehen, um die Härte der Schneide, sprich deren Schnitthaltigkeit zu optimieren.

Dengeln mit oder ohne Sensenbaum?

Bis zum Ende des 19.Jahrhunderts wurden Sensen mit Umschnürungen aus Leder, reißfesten Schnüren oder mit steigbügelförmigen Metallringen und Holzkeilen am Sensenbaum befestigt. Zum Dengeln blieb das Sensenblatt am Sensenbaum da es sonst nach dem Dengeln wieder aufwendig verschnürt oder verkeilt werden musste. Erst mit dem Aufkommen der Ringschraube und den Sensenringen mit Vierkantinnenschrauben wurde die Sense zum Dengeln vom Sensenbaum genommen.

Bleibt das Sensenblatt am Sensenbaum, lässt sich die Sense ausschließlich von der Innenseite des Sensenblattes dengeln. Beim Dengeln mit Worb gibt es zwei unterschiedliche Vorgehensweisen:

Sensenbaum über der Schulter beim Dengeln

Denglerin arbeitet mit Hilfe der „Dengelgeis"

Wenn mit einem zum Körper hin ziehenden Dengelschlag gearbeitet werden soll, muss der Sensenstiel über die rechte Schulter gelegt werden oder an einem speziellen Befestigungspflock neben der Schulter abgestützt werden. Dabei muss jeweils der Stiel so ausbalanciert werden, dass das Sensenblatt auf dem Dengelamboss waagerecht aufliegt.

Eine andere Möglichkeit besteht darin, dass der Sensenstiel dem Dengler gegenüber steht. Dazu muss der Sensenstiel entweder von einer anderen Person am oberen Griff in der richtigen Höhe während des Dengelns festgehalten werden oder der Stiel wird auf einem Holzgestell, der sogenannten „Dengelgeis" abgelegt. Der Stiel kann aber auch mit einer von einem Ast hängenden Schnur in der Balance gehalten werden. Bei dieser Variante arbeitet der Dengler mit einem treibenden Dengelschlag vom Körper weg.

Am einfachsten lässt sich arbeiten, wenn man das Sensenblatt vom Sensenbaum abnimmt, weil man so problemlos und ohne zusätzliche Haltevorrichtungen das Sensenblatt waagerecht beim Dengeln führen kann. Auf diese Weise lässt sich das Sensenblatt auch von beiden Seiten der Schneide dengeln.

Der Dangl

„Dangl" bezeichnet den äußersten, etwa 1,5mm breiten Teil der Schneide, welcher bei der Grassense beim Bestreichen mit dem Daumennagel (siehe Fingernagelprobe) nachgibt. An den Dangl werden folgende Anforderungen gestellt:

- Er muss die nötige Dünne und Schärfe aufweisen;
- Er muss nicht nur scharf sondern gleichzeitig widerstandsfähig gegen zu schnelle Abnutzung sein;
- Er muss die Voraussetzungen für wirksames Wetzen mit dem Wetzstein bilden.

Nach den in der Praxis bekannten Danglformen wird unterschieden zwischen Hohl-, Platt- und Keildangl.

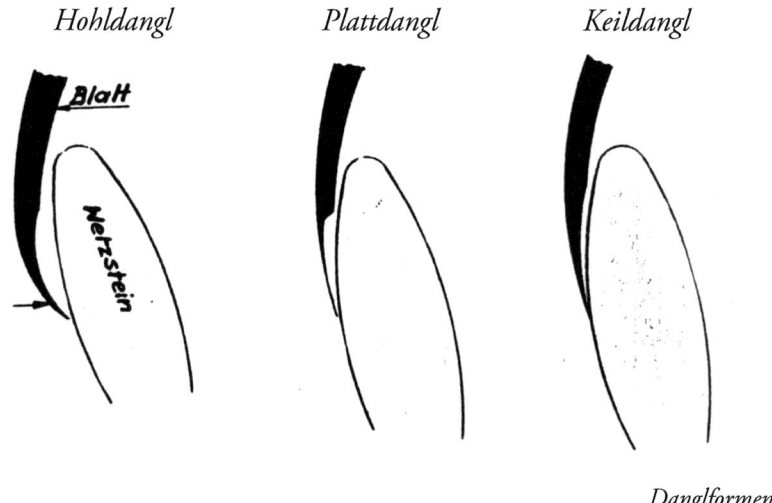

Danglformen

Hohldangl

Der Hohldangel entsteht, wenn die Sense beim Dengeln nicht waagerecht geführt wird. Der Dengler führt dabei die Sense so, dass der Kragen des Sensenblattes beim Dengeln nicht mit der Schneide in der Waagerechten, sondern erhöht zur Schneide steht. Dadurch stellt sich die Schneide beim Dengeln bogenförmig auf. Der Hohldangl hat den Nachteil, dass beim Mähen die Schneide nicht die Halme durchtrennt, sondern umdrückt, so dass sich die Gräser im Laufe der Mähbewegung wieder hinter dem Sensenblatt aufrichten.

Hohldangl – Sense wird beim Dengeln nicht waagerecht geführt

Beim Nachschärfen mit dem Wetzstein, kann der Dangl nicht richtig bestrichen werden. Da die hochgestellte Schneide bewirkt, dass der Wetzstein beim Bestreichen der Innenseite auf der Schnittkante des Dangls aufliegt. Die Folge ist, dass die Schneide stumpf gewetzt wird.

Plattdangl

Der Plattdangl entsteht, wenn die Sense auf einem Dengelamboss mit schmaler Bahn geklopft wird, wobei die Schlagfläche auf dem Dengelamboss nicht nach allen Seiten hin ausreichend gerundet, sondern zu flach ist. Das hat den Nachteil, dass sich die Kante der Bahn beim Dengeln in den Riefen einpresst und den platten Dangl bildet.

Beim Plattdangl läuft die Schneide nicht keilförmig im Dangl aus, sondern ist gekennzeichnet durch eine „Stufe" im Übergang vom Blatt zum Riefen. Der Plattdangl hat den Nachteil, dass er plötzlich auftretenden Widerständen beim Mähen, wie strohigen oder verholzten Halmen, nicht so gut standhält und sich leichter verbiegt. Zudem wird die Schneide durch die „Stufe" beim Wetzen nicht in voller Breite, sondern nur unmittelbar am Dangl bestrichen.

Plattdangl

Keildangl

Die richtige Form des Dangls, welche Schärfe und Widerstandsfähigkeit in sich vereinigt und sich gleichmäßig mit dem Wetzstein bestreichen lässt, ist der dünn auslaufende Keildangl. Unter dem Keildangl ist folgendes zu verstehen: Der Übergang

Keildangl

vom Blatt zum Riefen und von diesem zum Dangl ist keilförmig. Riefen und Dangl zusammen bilden annähernd einen Keil. Bei der Fingernagelprobe am Grassensenblatt gibt der etwa 0,1mm dünn gehämmerte Dangl in einer Breite von 1,5 mm nach.

Wie wird ein Keildangl gedengelt?

Nachfolgend beschreibe ich die Arbeitsweise beim Dengeln für den Keildangl auf einem Amboss mit schmaler Bahn und einem Dengelhammer (500g) mit breiter Schlagfläche, wobei die Innenseite der Sense gedengelt wird. Die Sense wird bei diesem Dengelverfahren von links nach rechts bewegt.

Erste Voraussetzung ist ein Dengelamboss mit schmaler Bahn, die sowohl nach links und rechts als auch nach vorn und hinten leicht abgerundet ist. Dazu gehört ein bombierter Dengelhammer mit breiter Schlagfläche. Das Dengeln mit zwei so beschaffenen Werk-

Dengelamboss und Dengelhammer

zeugen bewirkt, dass bei jedem Schlag nur ein kleiner Teil der Schneide geklopft wird. Das Metall bleibt auf diese Weise gut dehnbar und ein eventueller Fehlschlag kann der Schneide keinen großen Schaden zufügen.

Arbeitsschritte:

1. Zum Dengeln wird das Sensenblatt vom Sensenbaum genommen. So lässt sich die Sense beim Dengeln leichter führen.

2. Setzen Sie sich so auf den Dengelstock, dass der Dengelamboss zwischen Ihren Oberschenkeln steht und Sie unter Zuhilfenahme der Oberschenkel das Sensenblatt ruhig in der Waagerechten halten können. Achten Sie darauf, dass Sie nicht zu nah am Dengelamboss sitzen und beim Dengeln ausreichend Bewegungsfreiheit haben, nicht dass Sie bei der ziehenden Schlagbewegung mit dem Hammerstiel gegen die Hüfte stoßen.

*Sensenblatt wird vom
Sensenbaum genommen*

3. Nehmen Sie das Sensenblatt in die linke Hand und legen Sie das Sensenblatt am Bart waagerecht auf den Amboss. Achten Sie darauf, dass die Schneide mittig auf dem Amboss aufliegt. Das Sensenblatt wird vom Bart zur Spitze hin gedengelt. Die Dehnung des Metalls wird dadurch begünstigt. Der Schlag soll gegen den Körper hin ziehend erfolgen.

4. Um eine gleichmäßige, mittige Führung während des Dengelns beizubehalten stützen Sie den Mittelfinger der linken Hand unterhalb des Sensenblattes am Dengelamboss ab, während der

Richtig auf dem Dengelbock sitzen

Sense liegt mit Bart mittig auf dem Amboss auf

Finger der linken Hand fixieren die Sense auf dem Amboss

Zeigefinger die Sense am Kragen und der Daumen auf die Oberseite des Sensenblattes drückt und stabilisiert.

5. Halten Sie mit der linken Hand das Sensenblatt ohne zu wackeln in der Waagerechten mittig auf dem Amboss. Mit der rechten Hand wird der Hammer etwa 3 bis 4 cm über dem Sensenblatt gehalten und die Schlagbewegung ausgeführt. Mit leichten, gleichmäßigen Hammerschlägen aus dem Handgelenk heraus

Ziehender Dengelschlag

führen Sie eine zum Körper hin ziehende Schlagbewegung aus, während Sie mit der linken Hand das Sensenblatt im Schlagrhythmus langsam, millimeterweise, über den Amboss bewegen. Achten Sie darauf, dass Sie das Sensenblatt nicht zu schnell über den Amboss schieben. Um eine gleichmäßig scharfe Schneide zu erzielen, muss das Hämmern sorgfältig ausgeführt werden, so dass die Hammerschläge unmittelbar nebeneinander auf dem Sensenblatt niedergehen.

6. Das Sensenblatt liegt auf dem linken Oberschenkel auf. Durch Heben oder Senken des Oberschenkels können Sie das Sensenblatt in der Waagerechten ausbalancieren. Während des Dengelvorganges wandert das Sensenblatt von der linken Körperhälfte zur rechten Körperhälfte. Wenn Sie die Schneide etwa zur Hälfte gedengelt haben, nimmt der rechte Oberschenkel den Bart des Sensenblattes auf. Für eine kurze Dengelstrecke wird so die Führung des Sensenblattes von beiden Oberschenkeln unterstützt, bis der rechte Oberschenkel die Führung alleine übernimmt.

Sensenblatt wird über beide Oberschenkel geführt

7. Wenn Sie die Schlagseite des Dengelhammers etwas anfeuchten, sehen Sie etwas besser, wo der letzte Schlag niedergegangen war. Auf diese Weise wird Schlag neben Schlag gesetzt und die Schneide dünn geklopft. Die Hammerschläge dürfen dabei nur den äußeren Klingenrand treffen.

Hammer mit Wasser anfeuchten

In der Regel reicht es aus, wenn Sie beim Dengeln die Schneide in ihrer gesamten Länge ein- oder zweimal beklopfen. Bei Sensen die längere Zeit nicht gedengelt wurden und wo der Dangl verbraucht ist, kann es notwendig sein die ganze Länge mehrmals zu bearbeiten, um wieder einen schnittigen Dangl zu erzielen.

Wer sich die Arbeit mit Hammer und Amboss ersparen möchte, nicht zutraut oder merkt, dass es ihm an der handwerklichen Geschicklichkeit fehlt, dem empfiehlt es sich, seine Sense je nach Beanspruchung gelegentlich einem erfahrenen Dengler in die Hand zu geben oder mit einem Schlagdengelapparat zu dengeln (Siehe S. 53).

Fingernagelprobe

Fingernagelprobe

Mit der Fingernagelprobe prüft man, ob der Dangl bei der Grassense die zum leichten Mähen erforderliche Dünne aufweist.

Bei der Fingernagelprobe streicht man als Rechtshänder mit dem Fingernagel des Daumens der rechten Hand mit leichtem Druck unter dem Dangl der Schneide entlang. Dabei sollte sich die Schneide unter dem Druck des Daumennagels leicht nach oben wölben. Die Wölbung des Metalls sieht aus, als ob ein dunkler Schattenfleck durch das Metall schimmert. Wölbt sich die Schneide nicht, fehlt dem Dangl die entsprechende Dünne für einen scharfen, sauberen Schnitt ohne großen Kraftaufwand. Die Schneide sollte nochmals auf der ganzen Länge leicht gedengelt werden.

Dengeln lernen – Dengelübungen!

Auch beim Handwerk des Dengelns fällt selten ein Meister vom Himmel. Wie so oft im Leben gilt auch hier, Übung macht den Meister!

Das Dengeln selbst ist nicht schwer! Etwas handwerkliches Geschick vorausgesetzt, lässt es sich unter Beachtung einiger Grundregeln leicht erlernen. Was man braucht ist Geduld, Genauigkeit, eine ruhige Hand und ein gutes Auge. Desweiteren muss man wissen, wie man das Sensenblatt über den Amboss führt und wie man den Dengelschlag ausführt.

Das Dengeln ist eine Gefühlsarbeit, die einiger Übung bedarf. Deshalb sollten all jene, die sich zum ersten mal im Dengeln versuchen oder noch nicht sicher sind im Umgang mit dem Dengelhammer, nicht auf einer guten, geschmiedeten Sense mit den ersten diesbezüglichen „Gehversuchen" beginnen, da die Gefahr zu groß ist, dass die Sense Schaden nimmt und unbrauchbar wird.

Verwenden Sie zum Üben auch keine sogenannte Billigsense, da diese oft zu dick ausgeschmiedet oder zu hart und spröde im Metall ist. Wenn Sie auf einer solchen Sense mit den Dengelübungen beginnen, beißen Sie sich sprichwörtlich die Zähne aus und all Ihre Bemühungen, eine Handwerkstechnik zu lernen, werden auf eine harte Probe gestellt und sind in der Regel zum Scheitern verurteilt.

Für die ersten Dengelübungen verwenden Sie am besten, ein altes, geschmiedetes Sensenblatt aus Opas Zeiten, das nicht mehr gebraucht wird. Solche Sensen sind meist aus einem weicheren Stahl geschmiedet und eignen sich von daher sehr gut für die ersten Dengelübungen.

Solch alte Sensenblätter finden Sie beispielsweise preiswert auf Floh-
märkten.

Dengelübungen auf Blech und Karton

Sie können für die ersten Dengelübungen auch mit dünnem Karton,
Blech und Kupferblech beginnen. Dazu schneiden Sie sich Streifen von
etwa 30 cm Länge und 5 cm Breite. Diese Streifen führen Sie genauso
über den Dengelamboss wie ein Sensenblatt. Karton, Blech und Kupfer
haben den Vorteil, dass nichts kaputt geht und das Sie auf diesen weicheren Materialien – anders wie bei der Sense – sehr gut sehen, wo der
Dengelhammer beispielsweise das Blech getroffen hat. Sie können sehen,
ob Sie Dengelschlag neben Dengelschlag setzen können, so dass eine glatte
saubere Schneide entsteht oder ob zwischen den einzelnen Dengelschlä-
gen Lücken geblieben sind. Vor allem beim weicheren Kupferblech ist gut
zu erkennen, wie sich das Material unter dem Dengelhammer streckt.

Gleichgültig, ob Sie nun auf einem Sensenblatt, auf Blech oder Karton
mit den Dengelversuchen beginnen, sollten Sie auf jeden Fall mit richti-
gem Dengelwerkzeug arbeiten.

Fehlerhafter Dangl

Unsachgemäßes Dengeln führt in der Regel zu Beeinträchtigungen der
Schneide, welche die Sense unschnittig machen oder derart beschädigen,
dass die Sense nicht mehr zu gebrauchen ist. Man unterscheidet:

- Hohldangl (siehe S. 33)
- Plattdangl (siehe S. 34)
- Zackendangl
- Wellendangl

Hohldangl, Plattdangl und Zackendangl lassen sich von einem erfahrenen Dengler wieder richten, während der Wellendangl sich nicht mehr beheben lässt und die Sense dauerhaft unbrauchbar macht.

Der **Hohldangl** entsteht, wenn das Sensenblatt beim Dengeln nicht waagerecht über den Dengelamboss geführt wird und sich der Dangl dadurch bogenförmig aufstellt. Das führt dazu, dass beim Mähen die Schneide nicht die Halme schneidet, sondern um drückt, so dass sich die Gräser im Laufe der Mähbewegung wieder hinter dem Sensenblatt aufrichten.

Der **Plattdangl** entsteht, wenn die Sense auf einem Dengelamboss mit schmaler Bahn geklopft wird, wobei die Schlagfläche auf dem Dengelamboss nicht nach allen Seiten hin ausreichend gerundet, sondern zu flach ist. Das hat den Nachteil, dass sich die Kante der Bahn beim Dengeln in den Riefen einpresst und den platten Dangl bildet.

Der **Zackendangl** entsteht, wenn das Sensenblatt beim Dengeln zu schnell über den Dengelamboss bewegt wird und dadurch nicht Dengelschlag neben Dengelschlag gesetzt wird. Dadurch wird das Metall an der Schneide nur lückenhaft und zwar zackenartig gestreckt. Solche Zacken

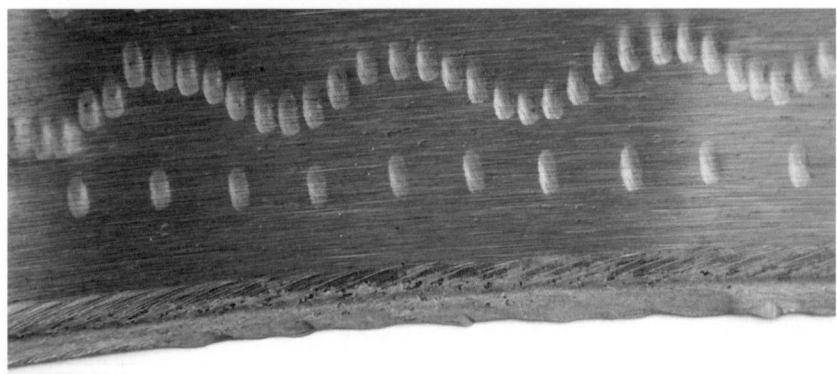

Zackendangl

an der Schneide beeinträchtigen die Schnittfähigkeit und verursachen unsauberes Mähen.

Der **Wellendangl** mit seinen „berühmt" berüchtigten wellenförmigen Verwerfungen entsteht, wenn die Schneide zu stark ausgetrieben, das heißt, zu weit gestreckt wurde. Solche Wölbungen an der Schneide machen das gleichmäßige Schärfen mit dem Wetzstein unmöglich, beeinträchtigen die Schnittfähigkeit und verursachen unsauberes Mähen. Solche Verwerfungen lassen sich meist nicht mehr reparieren, da das Sensenblatt seine

Wellendangl

Spannung verloren hat. Man muss beim Dengeln immer darauf achten, dass das Metall nicht mehr als 1 bis 1,5mm gestreckt wird. Wird das Austreiben des Metalls an der Schneide übertrieben, entstehen zuerst kleine Haarrisse, danach Dellen und Wellen. Spätestens wenn kleinste Haarrisse im Dangl zu sehen sind, sollte man das Austreiben des Metalls einstellen.

Wie oft muss gedengelt werden?

Außer den Forst- und Buschsensen muss jede Sense von Zeit zu Zeit gedengelt werden, da sich beim Mähen die Schneide abnutzt und verbraucht. Gedengelt werden sollte spätestens, wenn die Schärfe der Sense nachlässt und auch nicht mehr durch Wetzen mit dem Wetzstein hergestellt werden kann. Je nachdem was und wann gemäht wird, muss nach etwa 10 bis 12 Mähstunden die Sense gedengelt werden.

Es empfiehlt sich eine Sense lieber öfter leicht, als nur gelegentlich, alle paar Jahre, mit einer „Radikalkur" zu dengeln. Sie können Ihre Sense also auch nach 5, 4, 3, oder bereits nach 2 Mähstunden dengeln. Wenn die Schneide keine Beschädigungen aufweist, wird die Schneide nur mit einem leicht ziehenden Dengelschlag geklopft. Das häufige Dengeln gewährleistet, dass die Schneide immer einen scharfen Dangl mit entsprechender Schnitthaltigkeit aufweist. Der Zeitaufwand zum Dengeln ist bei einer regelmäßig gedengelten Sense wesentlich geringer und beträgt etwa 10 bis 15 Minuten.

Welcher Dangl für welches Mähgut?

Unter dem Titel „Welche Sensen werden gedengelt" (S. 22) wurde bereits angesprochen, dass es Sensen für die verschiedenen Mäharbeiten gibt. Je nachdem was für ein Aufwuchs gemäht werden soll, entscheidet über die Art des Dangls. Das heißt, die Breite und Dicke des Dangls richtet sich nach der Schnittigkeit des Mähgutes.

Beim Mähen von hartem Gras, verholzten Brennnesseln oder auf steinigen Untergrund soll der Dangl schmal und nicht zu dünn sein. Der schmale Dangl ist robuster, wenn er auf härtere Stängel, verholzte Baumschösslinge oder Steine trifft. Dieser Dangl soll bei der Fingernagelprobe nicht nachgeben.

Vor allem für weiches, feines Gras und Wiesenkräuter braucht man einen breiten und dünnen Dangl. Dieser Dangl soll bei der Fingernagelprobe auf einer Tiefe von 1 bis 1,5 mm nachgeben.

Risse und Scharten an der Schneide

Beim Mähen mit der Sense kommt es auch beim aufmerksamsten Mäher hin und wieder zu unliebsamen Zwischenfällen mit Steinen, Baumstümpfen oder verholzten Schösslingen. Wenn die Grassense versehentlich auf einen im Gras verborgenen Stein oder eine hochlaufende Baumwurzel trifft, kann es leicht passieren, dass der betreffende Teil der Schneide verbiegt oder gar bis zu einem halben Zentimeter und mehr einreißt oder einkerbt. Selbst verholzte Brennnesselstängel verwandeln im Nu eine glatte Schneide in ein „Sägeblatt". Solch breitere Beschädigungen an der Schneide bezeichnet man als Scharten.

Schäden am Sensenblatt, insbesondere an der Schneide, wie Risse und Scharten beeinträchtigen die Schnittfähigkeit merklich und erschweren das Mähen mit der Sense. Das Dengeln ist dann die einzige Möglichkeit um solche Schäden zu beheben

Für die Frage, ob sich Scharten beim Dengeln beheben lassen ist nicht die Breite, sondern deren Tiefe, also wie weit sie ins Blatt hineinreichen, entscheidend. Kleinere Risse und Scharten können beim Dengeln beseitigt werden. Ein erfahrener Dengler schafft es, Scharten mit einer Tiefe von 4 bis 5 mm beim Dengeln so auszutreiben, dass

Scharte

die Beschädigung nicht mehr zu sehen ist. Risse und Scharten, die über 5 Millimeter und tiefer ins Sensenblatt hineinreichen, lassen sich meist nicht mehr reparieren. In diesem Fall ist die Sense kaum mehr zu gebrauchen, da sich dort die Halme festhängen und den Mähschwung ausbremsen.

Das Dengeln von Scharten

Wenn die Schneide der Sense beispielsweise eine 10 mm Breite und 4 mm Tiefe Scharte aufweist, wird wie folgt gearbeitet:

- In Anlehnung an die beschriebenen Arbeitsschritte unter „Wie wird ein Keildangl gedengelt" (siehe S. 35), wird auch hier die Innenseite des

Sensenblattes gedengelt. Gedengelt wird jedoch nur der Bereich der Scharte. In dem angenommen Fall auf einer Breite von etwa 15 mm.

Scharte mit farblicher Markierung für den Dengelbereich

- Dabei wird mit der ziehenden Schlagtechnik das Metall aus der Tiefe der Scharte bis auf das vordere Schneidenniveau ausgezogen. Da sich die Scharte nicht beim ersten Dengelgang schließt, muss die Scharte auf der gesamten Länge mehrmals mit der ziehenden Schlagtechnik geklopft werden. Dabei wird selbstverständlich auch das Metall im Randbereich der Scharte, also an der Schneide gedehnt.

Dengeln einer Scharte

- Wenn das Metall der Schneide im Randbereich der Scharte etwa 1 mm gegenüber der unbearbeiteten Schneide vorsteht, wird dieser Überstand mit einem feinen bis mittelfeinen Kunstwetzstein auf das ursprüngliche Niveau der Schneide abgewetzt.

- Danach wird die Scharte wieder mit der ziehenden Schlagtechnik beklopft und der Überstand

Der Überstand an der Schneide wird abgewetzt

Scharte schließt sich allmählich

abgewetzt. Bei jedem Dengelgang sieht man, wie sich die Scharte verkleinert. Auf diese Weise arbeitet man bis die Scharte geschlossen, sprich die Schneide wieder eine glatte Bahn bildet.

Wird bei einer abgenutzte Schneide mit Scharten ein neuer Dangl aufgezogen, werden zuerst die Scharten auf die oben beschriebene Weise beseitigt und erst danach die Schneide auf der ganzen Länge gedengelt.

Wie Dengeln Linkshänder?

Zum Dengeln benötigen Linkshänder kein spezielles Dengelwerkzeug für die linke Hand, sondern gebrauchen die gleichen Dengelwerkzeuge wie Rechtshänder.

Der wesentliche Unterschied beim Dengeln besteht darin, dass Linkshänder:

- Das Sensenblatt mit der rechten Hand über den Amboss führen;

- Den Dengelhammer in der linken Hand halten um den Dengelschlag auszuführen;

Linkshänder dengelt eine Rechtshänder-Sense

Wie werden Sicheln gedengelt?

Sicheln sind im Handel als Senssichel und Rundsichel in unterschiedlichen Qualitäten erhältlich. Rundsicheln gibt es für die verschiedensten Verwendungszwecke und unterscheiden sich vor allem in Größe und Form. Die dünneren Grassicheln werden wie Sensen gedengelt, während die dickeren Staudensicheln gewetzt oder gefeilt werden.

Dengeln einer Senssichel

Dengeln einer Rundsichel

IV. Dengelapparate

Da das Dengeln zuweilen eine zeitaufwendige, handwerkliches Geschick und Präzision erfordernde Arbeit ist, gab es bereits im 19.Jahrhundert Bemühungen, diese Arbeit zu mechanisieren. Mit Dengelapparaten versuchte man die Handarbeit nachzuahmen und zu ersetzen. Man wollte damit erreichen, dass auch Unkundige und handwerklich weniger geschickte Mäher ihre Sense befriedigend schärfen können. Die ersten Dengelmaschinen kamen um 1850 auf. Der Erfindungsreichtum kannte kaum Grenzen und um 1920 waren eine Vielzahl verschiedenster Dengelhilfen und Dengelmaschinen im Gebrauch. Ein Umstand, der den Schluss nahe legt, dass auch früher nicht alle Mäher gleichzeitig ausgezeichnete Dengler waren wie man landauf, landab heute noch oft zu hören bekommt „Die Alten, das waren noch Dengler, die mit Hammer und Amboss umgehen konnten".

Zwei historische Dengelapparate

Dengelapparate arbeiten nach zwei verschiedenen mechanischen Verfahren:

- Hämmerverfahren, mittels Hammer oder Schlagbolzen;
- Walzverfahren, mittels Walzplatten oder Kugeln.

Bei den Hämmerapparaten wird die Schneide, ähnlich wie beim Dengeln von Hand mittels Hammer oder Schlagbolzen bearbeitet. Das Hämmerverfahren hat gegenüber dem Walzverfahren den Vorteil, dass der Dangl durch die bessere Verdichtung des Stahls widerstandsfähiger wird und länger die Schärfe hält.

Zwar konnten all diese Apparate dem Unkundigen das Dengeln mehr oder weniger erleichtern, bei unsachgemäßer Handhabung konnte man aber auch ein Sensenblatt im Nu unbrauchbar machen. An einen guten, zwischen Amboss und Hammer geschlagenen Dangl, reichen die Schlag- und Walzapparate nicht heran. Durch die fehlende Handarbeit hat man nicht das Gefühl für den Stahl der jeweiligen Sense. Besonders bei Dengelapparaten bei denen durch Stellschrauben und andere justierbare Vorrichtungen die Danglbreite eingestellt werden muss, kann es passieren, dass die Schneide nicht ausreichend oder zu weit gestreckt wird. Bei sachgemäßer Handhabung kann man einen annehmbaren Dangl mit befriedigender Schärfe erzielen. Die Schneide darf aber keine Beschädigungen, wie Scharten, aufweisen, da diese nur von Hand mit dem Dengelhammer beseitigt werden können.

Heutzutage sind Dengelapparate keine Massenprodukte und kosten je nach Ausstattungsaufwand ihren Preis. Vor allem im Hinblick auf die Mähleistung ist daher von Fall zu Fall zu prüfen, ob sich die Anschaffung rechnet oder ob man seine Sense stattdessen von einem erfahrenen Dengler ab und an schärfen lässt.

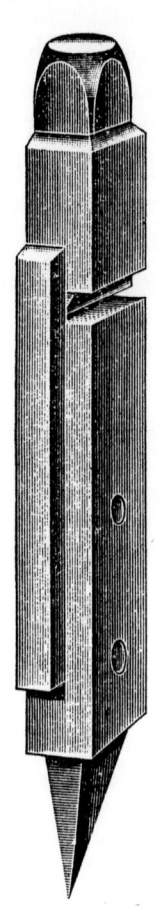

Schlagbolzenapparat

Dengelamboss mit Führungshilfe

Diese Vorrichtung ist kein richtiger Dengelapparat, der das Dengeln der Sense übernimmt, sondern ist eine Dengelhilfe die es dem Dengler erleichtert die Sense mittig über den Amboss zu führen. Es handelt sich dabei um einen normalen Amboss mit schmaler Bahn. An diesem ist eine Führungshilfe angebracht, welche das ruhige Halten und Führen der Schneide auf dem Amboss unterstützt. Der Auflagentisch hinter dem Amboss dient dazu, dass die Schneide im richtigen Winkel über den Amboss geführt wird. Die Sense wird dabei auf der Unterseite (Rücken) gedengelt. Möchte man die Sense auf der Innenseite dengeln, wird nur die Führungshilfe ohne den Auflagetisch am Dengelamboss befestigt.

Dengelamboss mit Führungshilfe

Schlagdengler

Um 1935 kam der Dengelapparat „Fledermaus" in den Handel. Noch heute wird dieser Dengelapparat von verschiedenen Herstellern als Schlagdengler angeboten. In der ehemaligen DDR wurde er als „Dengel-Bengel" gehandelt.

Schlagdengler

Schlagdengler **51**

Altes Werbeplakat für den „Fledermaus Sensen-Dengler"

Sinn und Zweck dieses Dengelapparates ist es, dem Dengler sowohl die Führung der Sense, die Wahl der richtigen Danglbreite, wie das eigentliche Dengeln mit dem Dengelhammer zu erleichtern.

Aus einem runden Amboss ragt ein Metallbolzen. Auf diesen Metallbolzen werden nacheinander, in zwei Arbeitsgängen, zwei verschiedene Schlaghülsen mit unterschiedlich geschliffener Schlagfläche aufgesetzt. Die erste Schlaghülse dient zum „Vordengeln". Sie zieht einen neuen, etwa 3,5 mm breiten Riefen auf. Die zweite Schlaghülse dient zum „Feindengeln". Deren Schlagfläche ist konisch geschliffen und dengelt nur den äußersten Rand der Schneide.

Handhabung des Schlagdenglers

Der Schlagdengler ist für den Laien einfach zu handhaben:

Gedengelt wird die Innenseite der Sense vom Bart zur Spitze. Dazu wird das Sensenblatt waagerecht auf den Amboss und mit der Schneide an den Führungsbolzen angelegt.

Sense auf Schlagdengler –
Schneide an Führungsbolzen anlegen und
erste Schlaghülse aufstecken

Nun wird die erste Schlaghülse für den Riefen aufgesteckt. Mit einem 500g Hammer wird auf den „Kopf" der Schlaghülse geklopft, während die linke Hand millimeterweise das Sensenblatt weiterschiebt. Auf diese Weise wird die ganze Länge der Schneide geklopft und ein Riefen mit etwa 3,5 mm Breite aufgezogen. Wenn die Schneide glatt ist und keine Scharten aufweist,

Dengeln mit dem Schlagdengler

wird bei jedem Hammerschlag die
Sense durch die Drehbewegung der
Schlaghülse etwas mitgenommen.

Zweite Schlaghülse aufstecken

Ist der Riefen aufgezogen, wird zum
zweiten Dengelgang die Sense wieder am Bart an den Metallbolzen
angelegt, die zweite Schlaghülse
aufgesteckt und erneut vom Bart
bis zur Spitze gedengelt.

Abschließend wird die Schneide mit dem Wetzstein von beiden Seiten
bestrichen. Sollte der unter dem Schlagdengler aufgezogene Dangl nach
dem ersten Probeschnitt noch nicht die gewünschte Schnittigkeit besitzen, wird die Schneide nochmals mit dem Schlagdengler geklopft.

Hat die Sense beim Mähen etwas an Schnittigkeit verloren, reicht es
zum Nachschärfen, bei einem ausreichend breiten Riefen, die Schneide
nur mit der zweiten Schlaghülse, dem Feindengler, zu beklopfen.

Tipp:
Ich benutze den Schlagdengler, wenn ich eine Sense mit verbrauch-
ter Schneide zum Dengeln bekomme. Mit dem Schlagdengler kann
man bei einem 65 cm langen Sensenblatt einen gleichmäßigen Riefen in etwa 5 Minuten aufziehen. Wesentlich schneller und genauer
wie mit dem Dengelhammer. Für den letzten „Schliff" wird der Dangl
abschließend auf dem Dengelamboss mit dem Dengelhammer
geklopft.

Für den Schlagdengler spricht:

- Dass man an dem Schlagdengler nichts einzustellen oder zu justieren
  braucht;

- Bei sachgemäßer Handhabung kommt es zu keinen Fehlschlägen oder Beschädigungen der Sense;

- Der Dangl wird zwar nicht so schnittig wie bei einem erfahrenen Dengler zwischen Hammer und Amboss, aber doch so scharf, dass man bei Wiesengräsern eine gute bis befriedigende Mähleistung erzielt;

- Dazu kommt, dass der Anschaffungspreis gegenüber den meisten anderen Dengelapparaten relativ günstig ist.

Anmerkung

Bei hochwertig, geschmiedete Sensen erzielen Sie mit dem Schlagdengler einen Dangl mit guter Schnittigkeit. Qualitativ minderwertige „Billig-sensen" lassen sich auch mit dem Schlagdengler nicht wesentlich in ihrer Schnittigkeit verbessern.

Dengelapparat mit Schlagbolzen

Bei diesen Dengelapparaten wird die Schneide, ähnlich wie beim Dengeln von Hand mit einem hammerförmigen Schlagbolzen bearbeitet. Amboss und Füh-rungsgehäuse sind meist aus einem Stück gefertigt. Darüber ist ein Schlagbolzen angeordnet, der von einer Feder immer wieder in die Grundstellung zurückge-führt wird. Das untere Ende des Schlag-bolzens, ähnelt einem Dengelhammer mit schmaler Bahn. Vor dem Dengeln wird an einer Stellschraube die Breite des Dangls an einer verstellbaren Führung eingestellt Die Arbeitsweise ist verhältnismäßig ein-fach. Der Dengler hat nur die Sense in das

Schlagbolzenapparat

eingestellte Gerät zu halten und mit einem Hammer auf den Schlagbolzen zu schlagen. Zwischen den einzelnen Schlägen wird die Sense mit der Hand gleichmäßig weiter geführt. Mit Hilfe dieser Hämmerapparate lässt sich bei richtiger Handhabung ein annehmbarer Dangl erzielen.

Sensenleier

Bei der Sensenleier handelt es sich um einen Dengelapparat, der nach dem Walzverfahren arbeitet. Die Sensenleier wird im Handel auch unter den Namen „Dengelfix" oder „Dengelmax" angeboten.

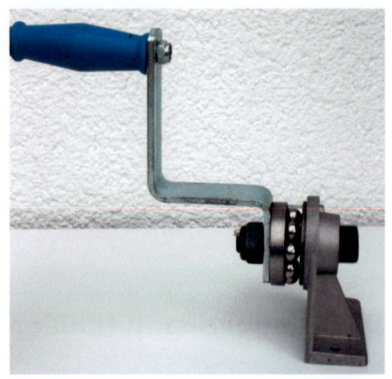

Um 1920 kam dieses Dengelverfahren auf. Die Neuerung bestand darin, dass das Sensenblatt nicht durch Hämmern, sondern durch Auswalzen mit Kugeln dünner gemacht wurde. Je nach Modell konnte man mit Hilfe

Sensenleier

einer Stellmutter oder eines Stellhebels die Breite des Dangls einstellen.

Der Dengelapparat besteht aus einem Befestigungsflansch, mit dem die Sensenleier auf einer stabilen Unterlage befestigt wird. Der Mechanismus beruht auf einer Handkurbel, die zehn Stahlkugeln von ca. 10 mm Durchmesser nach Art eines Kugellagers auf einer Druckplatte aus Hartmetall rotieren lässt, so wie einer Stellmutter. Zuerst wird an der Stellmutter mit einem Schraubenschlüssel der für das jeweilige Sensenblatt richtige Abstand zwischen Kugellager und Druckplatte eingestellt. Dann wird das Sensenblatt zwischen den Kugeln und der Druckplatte am Bart aufgesetzt.

Während die linke Hand das Sensenblatt auf der Sensenleier hält, bedient die rechte Hand die Kurbel. Durch die Drehbewegung wird das Sensenblatt mitgenommen und bis zur Sensenspitze gewalzt. Dabei

Handhabung der Sensenleier

ist darauf zu achten, dass die linke Hand mit leichtem Druck die Sense zwischen den Kugeln fixiert, so dass diese nicht herausrutscht. Auf diese Weise walzt man das Sensenblatt mehrmals hintereinander, wobei man gegebenenfalls durch Nachziehen der Stellmutter den Spalt zwischen Druckplatte und Kugellager je Walzgang erweitert oder verringert und so bei sachgemäßem Gebrauch einen bis zu 4 mm breiter Riefen walzt. Vor allem bei längeren Sensen ist es schwierig, ohne Hilfe einer zweiten Person die Sense zwischen den Kugeln zu fixieren und gleichzeitig die Kurbel zu drehen.

Exzenterapparat

Um 1910 wurde der Exzenterapparat erfunden, der die Schneide unter einer Art Exzenterpresse auswalzt. Dengelapparate, die nach diesem Prinzip arbeiten, sind bis heute im Handel erhältlich. Die Betätigung

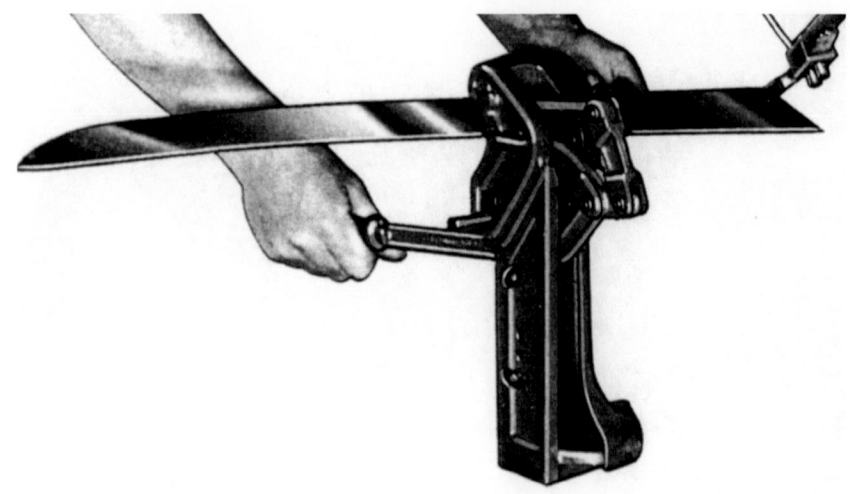

Exzenterapparat mit Handhebel

erfolgte durch Hand- oder Fußhebel. Das Bedienen des Dengelapparates mit Fußhebel hat den Vorteil, dass man beide Hände zum Halten und Führen der Sense frei hat.

Bevor man die Sense zwischen die Mundstücke des Exzenterapparates legt, muss man entscheiden, wie weit das Metall an der Schneide ausgezogen werden soll. Wie weit die Mundstücke greifen kann man mit einem Einstellstift regulieren. Je weiter der Stift nach unten gesteckt wird, desto weiter greifen die Mundstücke und umso breiter wird der Dangl. Um einen verbrauchten Riefen neu aufzuziehen muss man die Mundstücke weiter stellen, als wenn nur der Dangl etwas nachgeschärft werden soll.

Zum Dengeln schiebt man die Schneide zwischen die Mundstücke. Durch Betätigung des Druckhebels wird die Sensenschneide keilförmig gequetscht. Nach jedem Hebeldruck schiebt man das Sensenblatt gleichmäßig um einige Millimeter weiter bis die Schneide auf der gesamten Länge durch den Apparat gezogen wurde. Sollte die Schneide nach dem ersten Durchgang nicht dünn genug sein, wird der Arbeitsgang nochmals wiederholt.

Schärfen mit der Schleifmaschine

Schärfen mit der Schleifmaschine

Das Sensenblatt sollte nicht am Schleifstein oder mit einer sogenannten „Schleifhexe" geschärft werden, da das Blatt beim Schleifen zuviel Substanz verliert und sich die Wärmeentwicklung ungünstig auf die Materialhärte, also die Widerstandsfähigkeit und Haltbarkeit der Schneide, auswirkt. Zudem wird beim Schleifen nicht die Verdichtung des Materialgefüges erreicht. Eine nicht gedengelte, nur geschliffene Sense hat keine Schnitthaltigkeit und verliert beim Mähen sehr schnell die Schärfe.

Schleift man eine Sense scharf, bringt man sie zu gleich dem stumpfen Zustand immer näher, da die dünne und somit scharfe Schneide entfernt wird und die Schneide immer tiefer in das dickere Metall hinein geht. Schärfen kann man die Sense dann nur noch mit dem komplizierten Hohlschliff, welcher jedes Mal noch mehr Material kostet und das Sensenblatt immer schneller verbraucht.

V. Schärfen mit dem Wetzstein

Die volle Gebrauchsfähigkeit, das heißt den Feinschliff, erhält das Sensenblatt, wenn es nach dem Dengeln mit einem Wetzstein bestrichen wird. Eine Sense wird nicht nur nach dem Dengeln gewetzt, sondern auch dann, wenn man beim Mähen merkt, dass die Sense nicht mehr so leicht durch das Gras schneidet, sondern nur mit spürbar höherem Kraftaufwand. Da die Schneide beim Mähen mit der Zeit an Schärfe verliert, ist es unerlässlich die Sense während des Mähens immer wieder mit dem Wetzstein nach zu schärfen. Der Wetzstein gibt der Sense dann die beim Mähen verlorene Schärfe wieder.

Über die Art des Wetzens bestehen wie beim Dengeln Meinungsverschiedenheiten. Der eine schwört auf den Kunst-, der andere auf den Naturstein. Dieser wetzt von der Hohlseite, jener von der gewölbten Seite des Blattes her, und jeder glaubt, dass seine Methode die beste sei. Entscheidend ist:

- die Art des Wetzsteines;
- ob nass oder trocken gewetzt wird;
- die Richtung des Wetzstriches;
- die Führung des Wetzsteins.

Kunst- und Natursteine

Das Wetzen ist ein Schleifvorgang um stumpfe Werkzeugklingen wieder scharf zu machen. Gewetzt wird mit einem Wetzstein. Dies kann ein aus verschiedenen Schleifmitteln und Harzen hergestellter Kunststein oder ein aus Fels gebrochener Naturstein sein.

Der Gebrauch des richtigen Wetzsteines war früher, als das Mähen mit der Sense für große Bevölkerungsteile zum alltäglichen Broterwerb zählte, für viele Mäher eine Art Weltanschauung. Jeder schwor auf seinen besonderen Stein. Man unterschied nicht nur zwischen Kunst- und Naturstein, sondern auch zwischen Sandstein, Schiefer und Granit, zwischen feinen und groben, sowie zwischen weichen und harten Wetzsteinen. Vielen Mähern sind heutzutage die Unterschiede und der Verwendungszweck der jeweiligen Wetzsteine nicht mehr geläufig. Allzu oft wird deshalb zum Wetzen ein Wetzstein verwendet, der zum Schärfen gerade dieser Sense nicht der geeignete ist.

Kunst- und Naturstein unterscheiden sich in der Körnung. Kunststeine sind grobkörniger als Natursteine. Kunststeine unterscheiden sich aber auch untereinander. Es gibt feine, mittelfeine und grobe Kunstwetzsteine, sowie Wetzsteine, die eine feine und eine grobe Wetzseite haben. Sie werden als Carborundum-, Korund- und Siliciumcarbid- Steine angeboten.

Bei den Natursteinen unterscheidet man zwischen weichen und harten Steinen. Während beispielsweise weiche Sand- oder Kalksteine noch eine feinkörnige Schleifwirkung zeigen, richtet der harte Gneis- oder Granitstein beim Bestreichen der Schneide lediglich den dünnen Dangl aus.

Welcher Wetzstein für welche Sense?

Ob man einen Kunst- oder Naturstein zum Schärfen der Sense verwendet, richtet sich nach der zu wetzenden Sense, nach dem zu mähenden Aufwuchs so wie der Dünne des Dangls.

Harte Natursteine:
Haben so gut wie keine Schleifwirkung. Sie richten beim Wetzen den Dangl aus der sich beim Mähen durch die Berührung mit Steinchen oder härteren Stängeln verformt hat.

Verwendung: Sense mit sehr dünnem Dangl zum Mähen von Feucht- und Fettwiesen.

Weiche Natursteine:
Haben eine feine Schleifwirkung mit ganz geringem Abrieb.
Verwendung: Sense mit sehr dünnem Dangl zum Mähen von Bergwiesen, Trocken- und Halbtrockenrasen.

Feine Kunststeine:
Haben eine feine Schleifwirkung mit geringem Abrieb.
Verwendung: Sense mit dünnem Dangl zum Mähen von Wiesen der Hoch- und Tieflagen.

Mittelfeine Kunststeine:
Haben eine starke Schleifwirkung mit großem Abrieb.
Verwendung: Stauden-, Busch- und Heidesense mit dickerem Dangl, so wie Grassense ohne ausreichenden Dangl.

Grobe Kunststeine:
Haben eine sehr starke Schleifwirkung mit sehr großem Abrieb.
Verwendung: Busch- und Heidesense, so wie Forstkultursense.

Zum Wetzen eines dünnen Grasdangl sollte man einen Naturstein verwenden. Für Sensen, die feine, zarte Wiesengräser mähen, empfiehlt sich ein harter Stein, während man für Sensen, die härtere Gräser und Kräuter der Höhenlagen schneiden, einen weichen Naturstein verwendet.

Bei einer Grassense ohne schnittigen Dangl kann dieser verbessert werden, wenn man die Schneide zuerst mit einem feinen Kunststein und danach mit einem weichen Naturstein wetzt. Der grobkörnige Kunststein dagegen ist für einen dünnen Dangl schädlich, weil zu viel Material abgewetzt wird. Diese Wirkung ist erwünscht bei ungenügend scharfen Sensen oder Sensen, bei denen ein allzu feiner Dangl nicht erwünscht ist, wie bei der Busch- oder Forstkultursense.

Wann wird gewetzt?

Gewetzt wird zum einen immer nach dem Dengeln der Sense. Zum zweiten immer unmittelbar dann, wenn beim Mähen die Schnitthaltigkeit der Sense nachlässt. Das heißt, wenn die Sense nicht mehr leicht durch den zu mähenden Aufwuchs läuft, sondern nur mit einem spürbar höherem Kraftaufwand. Man kann auch sagen Wetzpausen erleichtern die Mäharbeit.

Wie oft beim Mähen gewetzt werden muss, ist abhängig von:

• Der Güte des Dangls;
• Der Schnitthaltigkeit des Dangls;
• Dem Mähgut: Gras, Klee, Feucht- oder Trockenwiese;
• Dem Aufwuchs: dicht oder locker;
• Dem Zustand des Aufwuchses: feucht oder trocken;
• Der Güte und Art (Material) des Wetzsteines.

Wetzen – nass oder trocken?

Bevor Sie mit dem Wetzen beginnen, müssen Sie den Naturstein mit Wasser anfeuchten. Natursteine wetzen nicht, wenn man sie trocken verwendet. Dazu führt man beim Mähen einen wassergefüllten Wetzsteinbecher an der Hüfte mit, in dem der Wetzstein feucht gehalten wird.

Mit Kunststeinen dagegen kann man auch trocken wetzen. Es ist jedoch besser auch den Kunststein zum Wetzen zu befeuchten, da sich Dangl und Wetzstein beim Nasswetzen weniger schnell verbrauchen als beim Trockenwetzen.

Richtung des Wetzstreichs

Gewetzt wird immer in gleicher Richtung, vom Bart zur Spitze. Streicht man vorsichtig mit dem Zeigefinger unter der Schneide einer frisch gewetzten Sense von der Spitze zum Bart entlang, fühlt man eine feine Zähnung, ähnlich einer Säge. Die einzelnen „Zähnchen" sind gegen die Sensenspitze hin gerichtet und stehen somit bei der Mähbewegung in Schnittrichtung.

Richtung des Wetzstreiches

Wie wird der Wetzstein beim Wetzen geführt?

Beim Wetzen soll die Schneide nachgeschärft, bzw. die durch das Mähen entstandene Verformung der Schneide gerade gestellt werden. Dies ist durch flaches Entlangführen des Wetzsteines an der Schneide, vom Bart zur Spitze, mit leichtem Druck gegen die Schneide möglich.

Halten Sie den Wetzstein mit seiner abgerundeten Schmalseite an der Innenseite des Sensenblattes an, so dass der Wetzstein an der leicht hohlförmigen Innenseite des Sensenblattes anliegt. Der Wetzstein wird so geführt, dass er parallel zur

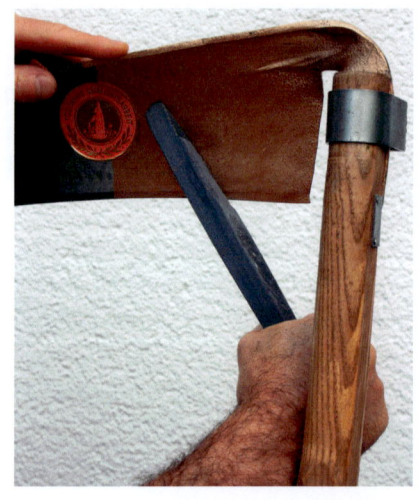

Wetzstein liegt mit 45 Grad Neigung an der Innenseite des Sensenblattes an

Schneide, in kurzen bogenförmigen Wetzzügen, abwechselnd an der inneren und äußeren Seite der Schneide entlang gleitet.

Aller Anfang ist schwer und auch das Wetzen bedarf einiger Übung bis es sicher, locker und leicht von der Hand geht. Wie beim Dengeln, gilt auch beim Wetzen, dass man seinen eigenen Rhythmus finden muss. Lassen Sie sich nicht von geübten Mähern irritieren, die den Wetzstein in rasantem Schwung über die Schneide tanzen lassen, so dass kaum ein Detail dieses Schärfevorgangs zu erkennen ist. Beim Schärfen mit dem Wetzstein kommt es nicht auf flinke Fingerfertigkeit an, sondern darauf, dass Sie den Wetzstein mit leichtem Druck parallel an der Schneide entlang führen. Fangen Sie behutsam an. Üben Sie in aller Ruhe und mit der Zeit werden auch Sie beim Wetzen Ihren eigenen Rhythmus finden.

Wie hält man die Sense beim Wetzen?

Nach der Devise, andere Länder, andere Menschen, andere Sitten gibt es eine Vielzahl von Varianten wie ein Sensenblatt gewetzt wird. In einigen Ländern konnte ich beobachten, wie die Sense zum Wetzen mit der Sensenspitze nach oben gerichtet auf das vorgestellte Knie gelegt wurde. Andernorts wird der Sensenstiel so unter den linken Arm geklemmt, dass die Spitze zum Boden zeigt, oder das Sensenblatt wird mit der Spitze am Boden aufgestellt und der Mäher kniet sich zum Wetzen neben das Sensenblatt.

Ich persönlich stelle die Sense zum Wetzen umgekehrt auf den Sensenstiel, so dass das hochgestellte Sensenblatt

Halten der Sense beim Wetzen

Wie die Sense beim Wetzebn gehalten werden kann

schräg vor mir steht und die Sensenspitze nach links gerichtet ist. Mit der linken Hand halte ich das Sensenblatt an „Kragen" und „Rücken" fest. Für einen sicheren Stand der Sense kann man den rechten Fuß auf den am Boden aufliegenden Griff aufstellen, damit die Sense beim Wetzen nicht wegrutscht.

Anleitung zum Wetzen

Beim Wetzen sollte das Sensenblatt sauber sein, da sich sonst der verschmutzte Dangl nicht auf der ganzen Länge gleichmäßig wetzen lässt und zudem den Wetzstein verschmutzen würde. Deshalb wird zu den Wetzpausen beim Mähen das Sensenblatt mit einer Handvoll Gras oder einem feuchten Lappen abgerieben. Halten und führen Sie den Wetzstein so:

• Während die linke Hand das Sensenblatt festhält, nehmen Sie den Wetzstein am unteren Ende in die rechte Hand. Gewetzt wird mit der Schmalseite des Steins. Legen Sie den Wetzstein mit einer Neigung von etwa 45 Grad zur Sensenspitze an der Innenseite des Bartes an. Diese Haltung begünstigt kurze, bogenförmige Wetzzüge.

• Gewetzt wird immer vom Bart zur Spitze und zwar immer im gleichmäßigen Wechsel von beiden Seiten der Schneide;

• Achten Sie dabei darauf, dass Sie den Wetzstein so halten, dass er parallel zur Schneide, mit leichtem Druck gegen die Schneide geführt wird;

*Ansetzen des Wetzsteines
zum Wetzen am Bart*

Im Wechsel – Innenseite wetzen…

Außenseite wetzen…

Wetzen zur Sensenspitze hin

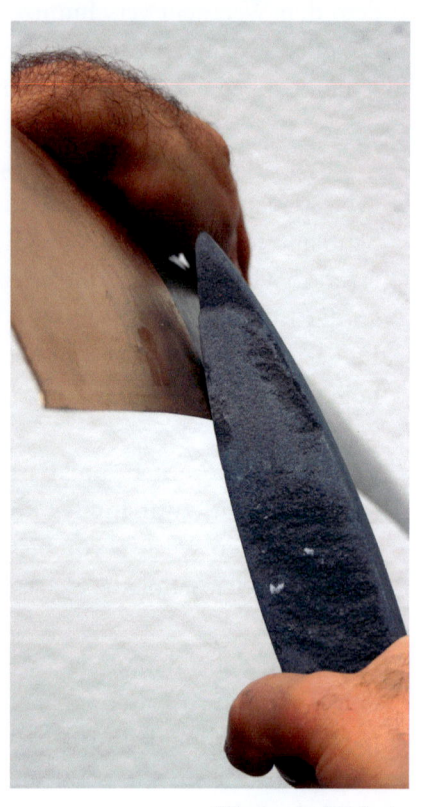

Wetzen der Rückseite

- Bestreichen Sie die Schneide mit dem Wetzstein in kurzen, gleichmäßigen, leicht bogenförmigen Wetzzügen. Der Wetzstein wandert auf diese Weise vom Bart bis zur Spitze und bestreicht die Schneide auf der ganzen Länge.

Tipp:
Vor allem Anfänger haben oft Schwierigkeiten beim Wetzen der Außenseite (Rücken) den Wetzstein parallel an der Schneide entlang gleiten zu lassen. Ist man unsicher, kann man auch zuerst wie beschrieben die Innenseite vom Bart bis zur Spitze wetzen. Danach dreht man die Sense um und wetzt nun die Rückseite der Schneide vom Bart bis zur Spitze.

Fehler beim Wetzen

Beim Wetzen werden häufig Fehler gemacht, welche die Schneide derart beschädigen das sie an Schnittigkeit verliert. Deshalb ist beim Wetzen darauf zu achten:

- Dass der Wetzstein nicht schräg, also X-förmig an der Schneide entlang geführt wird. Wird der Wetzstein schräg angesetzt, wird der Dangl regelrecht abgewetzt und die Schneide wird stumpfer.

- Wird von der Spitze zum Bart hin gewetzt, ist die mikroskopisch feine Zähnung der Schneide gegen die Schnittrichtung gerichtet. Das hat zur Folge, dass der Dangl an Schnittigkeit verliert.

Falsch: *X-förmiges wetzen*

Falsch: *Wetzen von der Spitze zum Bart*

Falsch: *Wetzen mit der Breitseite des Wetzsteines*

- Wird mit der Breitseite gewetzt, ist der Anstellwinkel des Wetzsteins zur Schneide so ungünstig, dass der Wetzstein nicht mehr parallel die Schneide entlang streicht und die Schneide an Schnittigkeit verliert.

- Achten Sie darauf, dass die Spitze des Wetzsteines nicht auf dem verstärkten Kragen des Sensenblattes aufliegt, da dadurch der

Falsch: *Wetzstein liegt am „Kragen" auf*

Wetzstein nicht mehr parallel die Schneide entlang streicht.

Pflege der Wetzsteine

Nach dem Wetzen und für eine lange Haltbarkeit der Wetzsteine ist es notwendig, diese nach dem Wetzen mit Wasser zu reinigen und mit einem Lappen abzureiben. Ansonsten können sich feine Metall- und

Schmutzpartikel in den Poren festsetzen und mit der Zeit den Wetzstein verschlämmen und unbrauchbar machen.

Besonders Natursteine werden durch Verschmutzungen schmierig und verlieren ihre Schleifwirkung. Zum Reinigen wässert man Natursteine etwa 12 Stunden lang in Essigwasser. Danach bürstet man sie mit einer feinen Wurzelbürste ab und spült sie in klarem Wasser.

Schnittverletzungen

Achten Sie beim Wetzen darauf, dass Sie mit den Fingern, insbesondere der rechten Hand, die den Wetzstein führt, nicht von unten gegen die Schneide stoßen, da dies zu tiefen, stark blutenden Schnittverletzungen führen kann.

Um Schnittverletzungen vorzubeugen, halten Sie den Wetzstein beim Wetzen der Sense immer am unteren Ende in der Hand.

Mäher sollten zur Versorgung möglicher Schnittverletzungen, für den Fall der Fälle, immer Wunddesinfektionsspray so wie Heft- und Klammerpflaster im Haus haben.

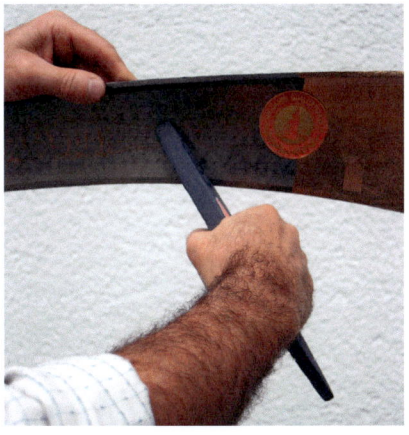

Richtig: Wettzstein am unteren Ende mit der Hand gegriffen

Falsch: Wetzstein wird zu weit oben mit der Hand gegriffen

Wetzsteinbecher

Wetzsteinbecher sind im Handel aus Holz, Horn, Kunststoff und Metall erhältlich. Sie werden mit Wasser gefüllt und dienen zum Mitführen des Wetzsteines beim Mähen. Der Wetzsteinbecher wird am Hosenbund oder am Gürtel eingehängt. Wird er am Rücken getragen, so sollten Sie beim Mähen darauf achten, dass Ihnen beim Bücken kein Wasser in den Rücken läuft.

Mancherorts wird dem Wasser etwas Essig zugegeben. Der Essig dient dazu, bei kalkhaltigem Wasser den Kalk auszufällen, da sich dieser sonst an der Schneide festsetzt.

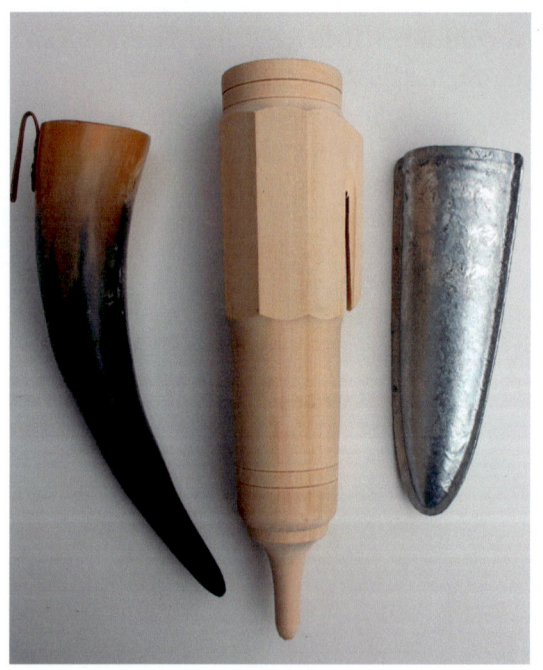

Wetzsteinbecher

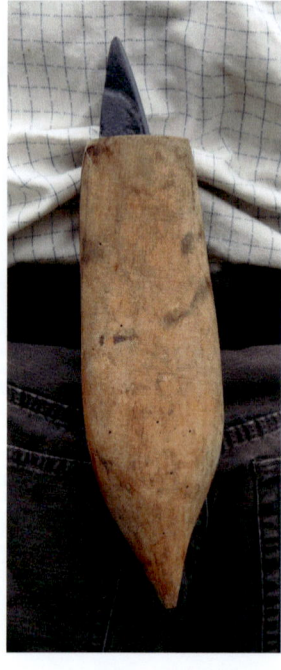

*Wetzsteinbecher mit
Wetzstein am Hosenbund*

VI. Wissenswertes zum Buch

Denglerlatein

Bart: Wird bei einem Sensenblatt für Rechtshänder, das rechte, breite Ende des Sensenblattes genannt;

Dangl: Bezeichnet den äußersten Teil des Riefens, der bei einer Grassense beim Bestreichen mit dem Fingernagel nachgibt;

Dengelgeis: Holzgestell, um den Sensenstiel beim Dengeln abzustützen; Wird benutzt, wenn zum Dengeln das Sensenblatt nicht vom Sensenstiel abgenommen wird;

Dengeln: Regional auch als „Tengeln", „Haaren", „Demmeln" oder „Klopfen" verwendete Bezeichnung für das Schärfen von Sense und Sichel. Dengeln ist ein Schärfeverfahren, das es so nur bei Sensen und Sicheln gibt. Dazu wird die Schneide zwischen einem speziellen Dengelamboss und Dengelhammer dünn geklopft;

Dengelamboss: Oder „Tengelamboss", „Haarstock", „Danglamboss", „Dengeleisen", sind regionale Bezeichnungen für den Dengelamboss, auf dem die Sense gedengelt wird;

Dengelapparat: Mechanische Vorrichtung zum Schärfen der Sense, mit welcher die Handarbeit mit Dengelhammer und Dengelamboss ersetzt werden soll;

Dengelhammer: Oder „Tengelhammer", „Danglhammer", „Haarhamers", sind regionale Bezeichnungen für den Dengelhammer, mit dem die Schneide der Sense beklopft wird;

Dengelstock: Auch Dengelbock und Dengelhocker genannt, sind Steinblöcke oder Stammabschnitte, auf denen der Dengelamboss befestigt wird und der Dengler während der Arbeit sitzt;

Exzenterapparat: Dengelapparat zum Schärfen der Sense;

Finne: Bezeichnet die Schmalseite des Dengelhammers;

Hals: Bezeichnet die Stelle am Sensenblatt, an welcher der Kragen in die Hamme übergeht. Regional wird der „Hals" auch „Ferse" genannt;

Hamme: Ist die schmale, abgewinkelte Verlängerung des Sensenblattes zur Befestigung am Sensenstiel;

Hohldangl: Fehlerhafter Dangl. Die Schneide stellt sich dabei am Dangl bogenförmig auf;

Keildangl: Der Dangl, welcher Schärfe und Widerstandsfähigkeit in sich vereinigt und sich gleichmäßig mit dem Wetzstein bestreichen lässt. Unter dem Keildangl ist folgendes zu verstehen: Der Übergang vom Blatt zum Riefen und von diesem zum Dangl ist keilförmig;

Kragen: Nennt man die zur Versteifung des Sensenblattes aufgekrempelte Verdickung des Sensenblattes, die von der Spitze bis zur Hamme reicht;

Nagelprobe: Durch Bestreichen mit dem Daumennagel wird geprüft, ob der Dangl ausreichend dünn gedengelt ist;

Plattdangl: Fehlerhafter Dangl, der entsteht, wenn die Bahn des Dengelambosses nicht gerundet sondern flach ist. Die flache Bahn presst sich beim Dengeln in die Schneide;

Riefen: Überlieferte Bezeichnung aus dem Mäherjargon für die etwa 3 bis 4 mm breite Schneide am Sensenblatt;

Rücken: Bezeichnet die leicht gewölbte Seite des Sensenblattes welche beim Nähen über die Erde gleitet;

Schneide: Die Schneide besteht aus dem sogenannten „Riefen" und dem „Dangl". Mit „Riefen" ist die etwa 3 bis 4 mm breite Schneide gemeint. Der „Dangl" ist der äußerste Teil des Riefens, der beim Bestreichen mit dem Fingernagel nachgibt;

Scharten: Sind breitere Ausbrüche aus der Schneide;

Schlagdengler: Dengelapparat, der nach dem Hämmerverfahren mittels zweier Schlaghülsen funktioniert;

Sensenleier: Dengelapparat, der nach dem Walzverfahren mittels Kugeln arbeitet;

Schnitthaltigkeit: Gibt an, wie lange man mit einer Sense mähen kann, bis die Schneide geschärft werden muss;

Warze: Auch „Dorn" genannt, ist die dornartige Erhebung an der Hamme, die der Befestigung des Sensenblattes am Sensenstiel dient;

Wellendangl: Fehlerhafter Dangl, der entsteht, wenn die Schneide beim Dengeln zu weit gestreckt wird. Die wellenartigen Wölbungen lassen sich nicht mehr reparieren;

Wetzsteinbecher: Sind wasserdichte Behältnisse aus Holz, Horn, Kunststoff und Metall, welche am Hosenbund getragen und in denen der Wetzstein beim Mähen mit geführt wird;

Zackendangl: Fehlerhafter Dangl, der entsteht, wenn nicht Dengelschlag neben Dengelschlag gesetzt wird. Dadurch wird das Metall an der Schneide nur lückenhaft und zwar zackenartig gestreckt;

Zirkel: Nennt man den Bogen, den die Schneide der Sense von der Spitze bis zum Bart beschreibt.

Sensenwerkstatt

Die Sensenwerkstatt ist eine Museumswerkstatt, die sich der Pflege und Weitergabe alter Handwerkskunst, so wie der ökologischen Natur- und Landschaftspflege widmet. In der Werkstatt selbst sind allerlei Gerätschaften, Werkzeuge und Bilddokumente rund um das Mähen mit der Sense ausgestellt. Hier kann man auch seine Sense begutachten, dengeln und einstellen lassen. Desweiteren bietet die Sensenwerkstatt:

- Verkauf von Sensen und Zubehör
- Individuelle Beratung beim Sensenkauf
- Einstellen der Sense auf den Mäher,
- Anleitung zum leichten Mähen
- Sensenmäh- und Dengelkurse
- Historische Sensenausstellungen mit Dengelvorführungen und Verkauf

Adresse:
Sensenwerkstatt
Bernhard Lehnert
Allmendweg 54
66453 Gersheim-Walsheim
Tel.06843 8593
E-mail: lehnert@sensenwerkstatt.de

Öffnungszeiten: Dienstag und Freitag von 15.00 – 18.00 Uhr
Oder nach telefonischer Vereinbarung

Literatur

Erich Degreif (Hrsg), 1999, *Das Sensenbuch,* Degreif

Siegfried Horstmann, 1990, *Von bergischen Menschen und den Stätten ihrer Arbeit,* RGA-Buchverlag

Bernhard Lehnert, 2000, *Naturerlebnis – Mähen mit der Sense,* Edition Europa

Rainer Möller, 1988, *Die Sensenschmiede,* Landschaftsverband Rheinland

Horst Sauer, 1992, *Bauernleben,* Morsak Verlag

Julius Cronenberg, 1936, *Preisliste Nr. 201 B,* Sensenwerk Sophienhammer i. Westfalen

The Marugg Company, 1931, *Warenkatalog,* Tracy City, Tennessee

Hanewacker A.&Zn. Bv, Groothandel in gereedschappen, *Prijscourant 1985/86,* 8606 JC Sneek;

Autor

Bernhard Lehnert, Jahrgang 1955, Handwerkerlehre, Studium der Sozialarbeit/Sozialpädagogik, Zusatzausbildung zum Ökopädagogen, seit 1990 Autor pädagogischer Fachzeitschriften, seit 2000 Betreiber der Sensenwerkstatt;

Buchveröffentlichungen

Hörst Du die Regenwürmer husten? (1996) Kiga Fachverlag

Naturerlebnis – Mähen mit der Sense (2000) Edition Europa

Dengeln – Die Kunst, Sense und Sichel zu schärfen (2005) Books On Demand GmbH, Norderstedt

Tiere und Pflanzen Taschenwissen für Erzieherinnen (2007) Herder

Einfach mähen mit der Sense (2008) Ökobuch Verlag Staufen

Naturerlebnis – Mähen mit der Sense
Bernhard Lehnert

Ein Buch für Naturfreunde und Wiesenliebhaber, für Landwirte und Kleintierhalter, für Gärtner und Selbstversorger, für Sensenbesitzer und all jene, die das Mähen mit der Sense erlernen wollen, sowie für kulturgeschichtlich interessierte Menschen.

Auf 127 Seiten, von zahlreichen Fotos und Abbildungen umrahmt, spannt das Buch einen Bogen von den Anfängen der Menschheitsgeschichte bis in unsere Zeit. Im geschichtlichen Rückblick wird die Entwicklung der Sense und deren Bedeutung in Brauchtum und Volksglauben beleuchtet.

Das Buch ist ein unerlässlicher Ratgeber für all jene, die das leichte Mähen mit der Sense lernen wollen. Eine Fülle von Tipps, Kniffen und Anleitungen wollen zum einen Hilfestellung geben für eine gute Kaufentscheidung von Sensenblatt, Sensenstiel und Wetzstein, zum anderen wird ausführlich dargestellt:

- Welche Länge der Sensenstiel je nach Körpergröße haben sollte;
- Wie das Sensenblatt richtig am Sensenstiel angestellt wird;
- Welche Körperbewegung leichtes Mähen begünstigt;
- Wann die besten Mähzeiten sind und vieles andere mehr.